文學叢刊

陳福成著

大浩劫後

——日本東京都知事石原慎太郎「天譴說」溯源探解

文史哲出版社印行

國家圖書館出版品預行編目資料

大浩劫後：日本東京都知事石原慎太郎「天譴說」溯源探解 / 陳福成著. -- 初版 -- 臺北市：文史哲, 民 100.02
頁；　公分（文學叢刊；251）
ISBN 978-957-549-970-9（平裝）

1. 戰爭論

592.931　　100010849

文　學　叢　刊　251

大浩劫後

— 日本東京都知事石原慎太郎「天譴說」溯源探解

著　者：陳　福　成
出版者：文　史　哲　出　版　社
http:// www.lapen.com.tw
e-mail：lapen@ms74.hinet.net
登記證字號：行政院新聞局版臺業字五三三七號
發行人：彭　正　雄
發行所：文　史　哲　出　版　社
印刷者：文　史　哲　出　版　社
臺北市羅斯福路一段七十二巷四號
郵政劃撥帳號：一六一八〇一七五
電話886-2-23511028 · 傳真886-2-23965656

定價新臺幣一六〇元

中華民國一〇〇年（2011）六月初版
中華民國一〇一年（2012）十月初版二刷

ISBN 978-957-549-970-9　　08251

大浩劫後

——日本東京都知事石原慎太郎「天譴說」溯源探解

目次

序：天譴、天意、天命與魔道

天譴，就是天的譴責，天的旨意要嚴懲逆天者，以回復世間應有的公平正義與祥和和諧的氣氛。

嚴懲逆天者即是天譴、天意，人若去幫助那些逆天者復原，是否也是逆天？

二〇一一年三月十一日，日本發生空前大浩劫（大地震、大海嘯、核災三合一大災難）。不久，其右派份子東京都知事石原慎太郎說「大災難是天譴」，此說又如同超大海嘯……

日本人幹了什麼逆天行爲，這一代子民要遭受如此可怕的天譴。「因果律」乃天之真理，雖說「不是不報・時候未到」，但爲何是現在，問天！

很久很久以前，大約四百多年前，有兩個日本人心中的英雄，織田信長與豐臣秀吉，他們爲日本民族創造一個「天命」，謂日本必須把中國和朝鮮統一起來，統一成一個「大日本國」，爲亞洲之盟主。

於是，啓動第一次、第二次、第三次……侵略中國與鄰邦之戰，而「天命」始終尙未完成。

尙未完成！再接再勵，屢戰屢敗，屢敗屢戰，「解放亞洲」，先取朝鮮和台灣，進而佔領中國，是日本人的宿命。他們說，「如果西向擴展到太平洋，是十九世紀美國人的宿命，那麼入侵中國就是日本二十世紀的宿命。」

又於是，他們的政治人物、教育工作者、作家……一代又一代，幫他們的子民「洗腦」，佔領中國是合理的，那裡地大物博，而日本人多地少。

一個假天之意的假天命，魔道自地獄竄出，戰爭！戰爭！南京大屠殺！旅順大屠殺！朝鮮大屠殺！台灣大屠殺！中南半島、南洋……血流成河，抓到女人，一律先姦後殺，或送慰安婦營……魔道……

壹、緒論：從日本東京都知事石原慎太郎「天譴說」說起

天為什麼這樣可怕的譴責？天不慈悲嗎？若是那些族群的人自造孽，那便是因果，與天何干？

先祖肇禍，而子孫付出代價嗎？

地球上的災難，自古以來想必年年月月，到處都有，遠的不說，近幾年就有南亞大海嘯、四川大地震，乃至其他各大洲都有。傷亡之慘重，遠大於這回日本的大浩劫，但那些災難沒有被說成是一種「天譴」。只有日本這次世人有天譴的感覺，且是他們自己人也這麼說的，我很好奇！

二〇一一年三月十一日，日本發生二戰以來，空前大災難（海嘯、地震、核災），死傷之多，經一個多月仍難以統計。正在這個「漢倭奴王國」全國陷於傷痛之際，其東京都知事（市長）石原慎太郎（一個極右派者），竟說這是「天譴」，天在譴責日本人以往只顧自己，不顧別人死活……

如同「九級大地震」，震驚全日本社會，但是否「震醒」就不得而知了！「天譴論」若由世界上任何人（非日本人）說出，應不致於太震驚，因爲「有資格」說，也「有權利」說，甚至有「權力」說。遠的不提，就以十九、二十世紀，日本人爲亞洲或別洲製造多少災難。

第二次侵略中國之戰，甲午之役，旅順大屠殺，全城六萬人遇難，佔領台灣殺了多少人……以及戰爭中雙方死傷的軍民……

第三次侵略中國之戰，八年抗戰，我國正規軍死三百萬，人民因戰爭而亡至少五千萬，南京大屠殺，以及……

二戰時，在越南、菲律賓、新加坡……中南半島、南洋……美國珍珠港……多少死難？婦女被倭人姦殺，送到戰場上當「慰安婦」……而日本自己死了多少人？險些亡國。

嘿嘿！嘿嘿！那些死於非命的人，不論日本人或非日本人，他們都甘心？真是「一死百了」嗎？非也！因果是宇宙間最平等的律法，不是不報，時候未到！

那些成千上萬、上千萬億死者的幽魂，穿透時空，他們要來討公道、要正義、要債啦！「嘿嘿！嘿嘿！日本鬼子！納命來！」

但現在「天譴論」由一個日本人提出，不僅震驚，且有特別意義。表示倭奴這個民族，可能開始有反省之心（只說可能），反省他們先人造下的惡業，未來若有強盛機會，別再侵略別國！別再大屠殺！別將他國女人抓去當「慰安婦」！尤其別再偷偷摸摸搞核彈（後報）。

即要反省，就必須知道「源頭」在那裡？也就是天譴的源頭，或稱天譴之「因」，這是現在日本人民承受苦難的原始背景。

本文寫作之目的，就是要爲現在的日本人揭開他們招受天譴的源頭，以利他們自省，以利亞洲和世界的和平。平心而論，以通曉這個源頭的人，全日本可能沒幾人，其他地方更別提。多數人只知「歷史」，但不知歷史爲何會成爲「天譴的原因」！

數百年來，日本子民被他們的政治野心家「洗腦」，把十六世紀（我國明朝）織田信長和豐臣秀吉的構想，「假道朝鮮西征中國」、「佔領中國、朝鮮」後，改良、教育那些人民，完成「統一日中朝」，成爲一個「大日本國」，主盟亞洲，當成倭國民族生生世世的「天命」，直到最後完成爲止（即完全消滅了中國和朝鮮爲止）。

於是，他們對週邊國家發動一次次，再一次次的侵略戰爭。失敗了！經數十年準備、休養生息，再幹！再發動戰爭。光是對中國，就有三次全面性戰爭（局部、小型未計）。

△第一次侵略中國戰爭：明，萬曆年間，朝鮮七年戰爭。

△第二次侵略中國戰爭：清，甲午之戰。

△第三次侵略中國戰爭：民國，八年之戰。

以上三次侵略之戰，二、三次距現代較近，現代人知道者較多，相關各種研究也多，故本文不論。

第一次侵略中國的「朝鮮七年戰爭」，不僅是「天譴論」之源頭，也因年代較久，問現在的中國人和朝鮮（韓國）人，恐知者極少。當然，歷代倭奴國野心家是不會忘的，因爲織田信長和豐臣秀吉，是大和民族「天命」的「創建者」，怎可忘記！故爲本文論述重點。

爲讓大家了解這場天譴論源頭的不義、侵略戰爭；及中國爲當好一個宗主國，保護屬國，只好進行一場正義之戰，犧牲很大。我用問答、文字、圖解，講述這場戰爭的經過。

第二次世界大戰，日本造成全亞洲幾近上億人的傷亡。戰後他們以戰敗國被迫解除武裝，不得組建正規軍，設立以和平爲宗旨的「和平憲法」。

然而，那些都是假相，因爲不久和平憲法被架空，自衛隊竟是全球第三大軍事力量。

進而，瞞著「天」眼，積極的、秘密的，神不知鬼不覺的搞核武。

二〇一一年三月十一日這天，天眼睜開了！神清醒，鬼覺知……原來天譴！

貳、倭國民族「天命」第一次實踐：第一次侵華

——中日「朝鮮七年戰爭」

倭國「天命」的創造者，是織田信長和豐臣秀吉，他二人打開了日本民族的「魔盒」，魑魅魍魎盤踞在他們生生世世的子民心中。

一、距今四百多年前，在朝鮮半島上的第一次中日七年戰爭。中、日、朝鮮當時情況及戰爭原因為何？那一方先挑起戰事？

明世宗嘉靖二十六年（西元一五四七年）開始，倭寇（即日本鬼子）進擾東南沿海，俞大猷、戚繼光等經二十年才勦平。倭寇大亂才平定不久，中日朝鮮大戰就爆發。

原來當時許多日本野心家，早已覬覦中國地大物博，物產富饒，織田信長當國時代

（西元一五六七—一五八二年），已提出「假道朝鮮西征中國」之構想。

萬曆十年（西元一五八二年），豐臣秀吉繼織田信長而起，平定日本各部，進而提出統合「中日朝鮮」使三國爲一的戰略計畫。積極整軍經武，宣告將自朝鮮進兵中國，統一東亞，使日本成爲亞洲盟主，完成大日本帝國使命。

朝鮮爲明之屬國，明朝有兵援朝鮮的政治責任，同時救朝鮮亦保遼東，間接鞏固京師，故朝鮮戰略地位甚爲重要。就當時三國兵力比，朝鮮二十萬軍，日本三十三萬軍，中國八十萬軍。朝鮮必然已不能阻擋日本攻勢，在朝鮮的作戰計畫中，已將「固守待明軍援助」納爲最後反敗爲勝的唯一途徑。惟朝鮮當時武備不修，兵都不能戰。

這場戰爭實際上是中日之戰，史稱「第一次中日七年戰爭」。重要性在假設日本戰勝，則日本有可能在十六世紀末完成「日中朝」統一，建立東亞大帝國。所以，這是一場可能改變歷史走向的戰爭。

二、中國要成為亞洲盟主是很合理的，但說日本要統一東亞成為盟主，那就太扯了，簡直是以管窺天、井底之蛙的自大狂心態，這仗要怎麼打？

中國自古以來就是亞洲盟主，是很合理的事實存在。但小小的日本不可能有機會。

春秋宋楚泓水之戰時，宋襄公要爭霸中原，太宰子魚諫曰：「宋小國也，小國爭盟（爭盟主之意），禍也。」宋襄公不聽，結果一戰而亡國。日本人在二十世紀初老毛病又犯，慘遭巨禍。現在的世界也是一樣，不管世界盟主，或區域盟主，只有大國才玩得起，小國是沒機會的。

話頭回到四百年前，豐臣秀吉統一日本後，欲進而統一中國和朝鮮，首先簡述中、日、朝三國的戰備準備。

日本方面，三十三萬兵，分第一線兵團（主力）、第二線（支力）與京都守備，有艦千艘，末期達三千艘。先以主力渡海奇襲，向漢城挺進，消滅朝鮮軍於漢江之南，佔領全部半島後，向中國遼東挺進。（見各圖）

朝鮮總兵力實際不到二十萬兵，戰船約百艘。其國防政策向採「事大政策」，即賴中國最後援助（如西元一九五〇年韓戰也是），重兵放南部以防日本入侵。（見圖）。

在明朝方面，名將戚繼光等早已謝世，主持國防軍事的是石星，一個書生，並非將才。故當時明朝是有兵無將可用，初無積極的阻遏日軍構想，只派遼東巡撫發兵五千，以為可以解決小日本。結果，朝鮮全部淪陷，才感事態嚴重，開始調動大軍援朝。

明萬曆二十年（西元一五九二年，朝鮮宣祖二十五年，日文祿元年）四月十三日，日軍以小西行長爲先鋒，率軍約二萬，大小艦艇七百艘，由對馬渡海奇襲釜山，才四天朝鮮第一線全告瓦解。日軍兩路北進，沿途望風披靡，所遇朝鮮軍竟皆不戰而降。

五月，日軍圍攻漢城，時漢城守將李陽元，金命元爲都元帥守漢江，見日軍氣盛，望敵而懼，竟先棄部隊於不顧，化裝逃亡。日軍兵不血刃，拿下漢城再北進平壤，竟也不戰取下平壤，日軍花兩個月佔領朝鮮半島。

朝鮮王李日公逃至義州（在鴨綠江邊，見圖），復國的希望只有等待明朝的萬曆皇帝了。明廷反應太慢，八月才頒佈動員令，任命兵部侍郎宋應昌爲援朝經略，總兵李如松爲東征提督，大軍準備開往朝鮮半島。

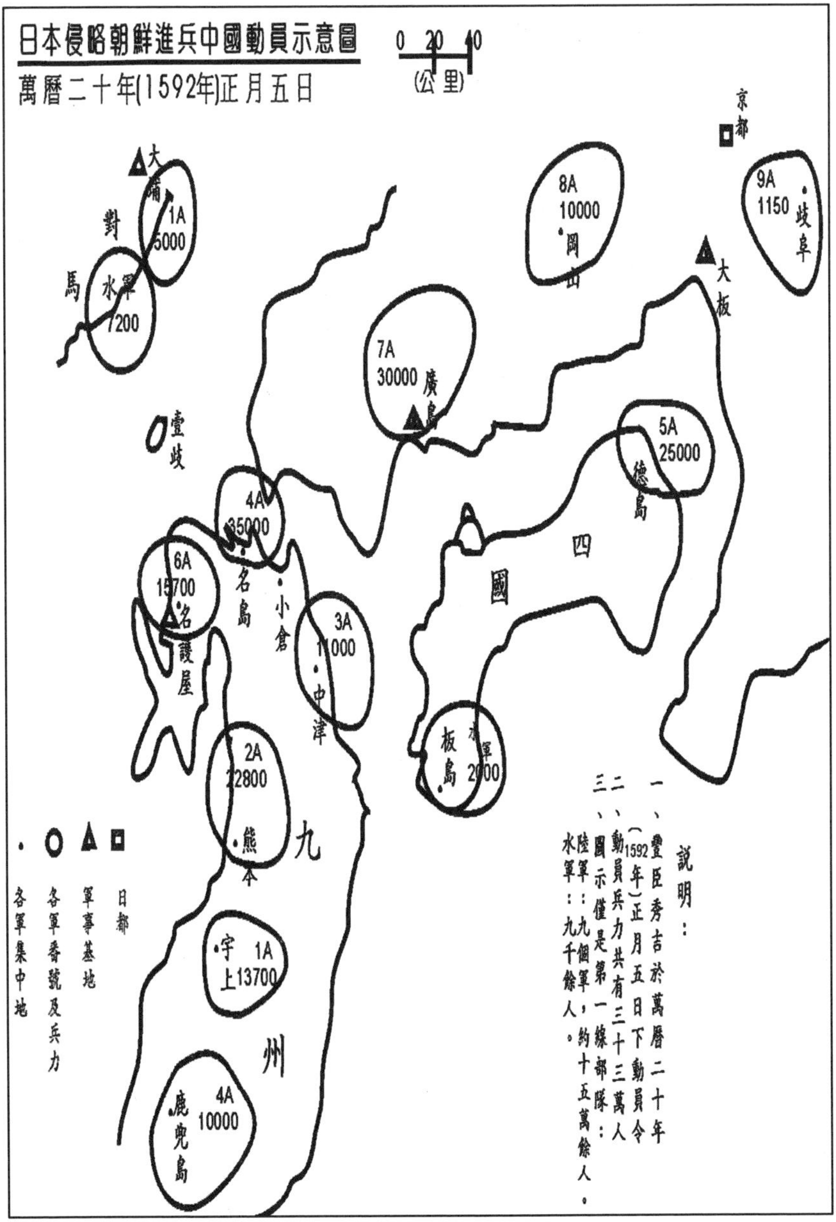
日本侵略朝鮮進兵中國動員示意圖
萬曆二十年(1592年)正月五日
0 20 40
(公里)
京都
9A
1150
岐阜
8A
10000
岡山
大板
大浦
1A
5000
對馬
水軍
7200
7A
30000
廣島
壹岐
5A
25000
德島
4A
35000
名島
四國
6A
15700
名護屋
小倉
3A
11000
中津
板島
水軍
2000
2A
22800
熊本
九州
1A
13700
宇上
4A
10000
鹿兒島
日都
軍事基地
各軍番號及兵力
各軍集中地
說明：
一、豐臣秀吉於萬曆二十年(1592年)正月五日下動員令
二、動員兵力共有三十三萬人
三、圖示僅是第一線部隊：陸軍：九個軍，約十五萬餘人。水軍：九千餘人。

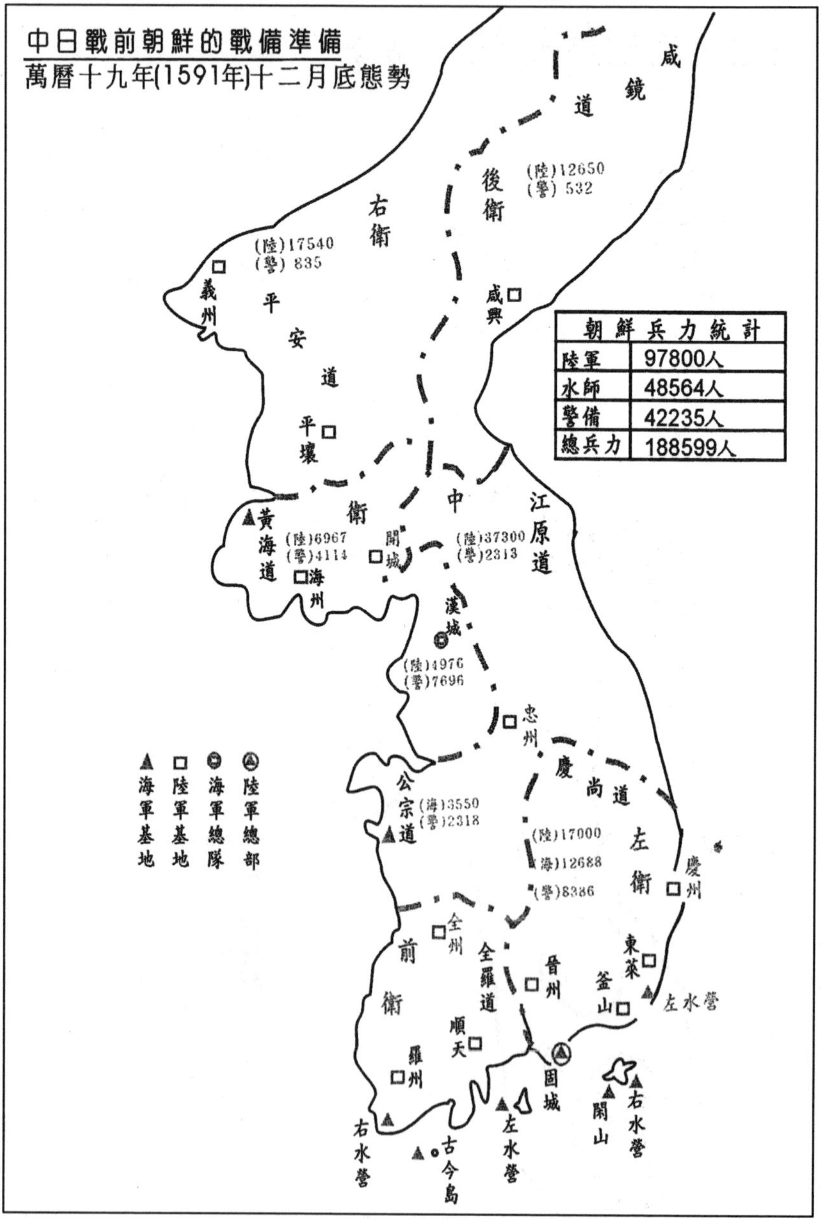

朝鮮兵力統計	
陸軍	97800人
水師	48564人
警備	42235人
總兵力	188599人

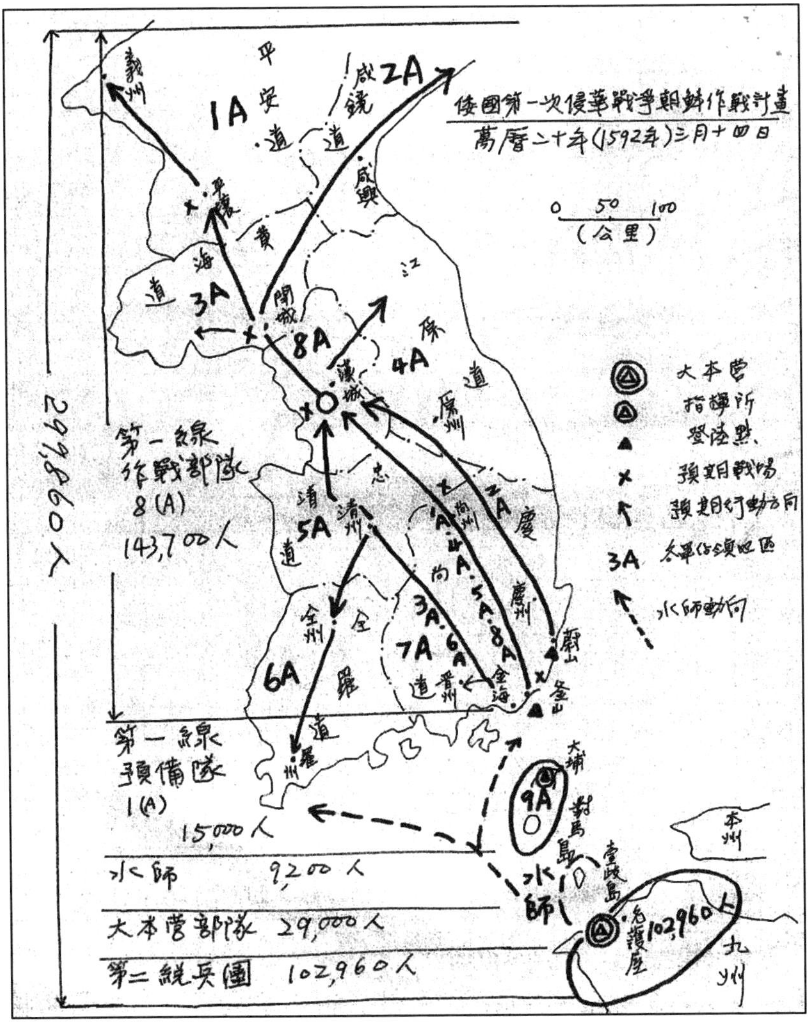
倭國第一次侵華戰爭朝鮮作戰計畫
萬曆二十年(1592年)三月十四日
0 50 100
(公里)
大本營
指揮所
登陸點
預期戰場
預期行動方向
3A 各軍佔領地區
水師動向
第一線
作戰部隊
8(A)
143,700人
第一線
預備隊
1(A)
15,000人
水師 9,200人
大本營部隊 29,000人
第二線兵團 102,960人
299,860人
1A
2A
3A
4A
5A
6A
7A
8A
9A
漢城
釜山
對馬島
本州
九州

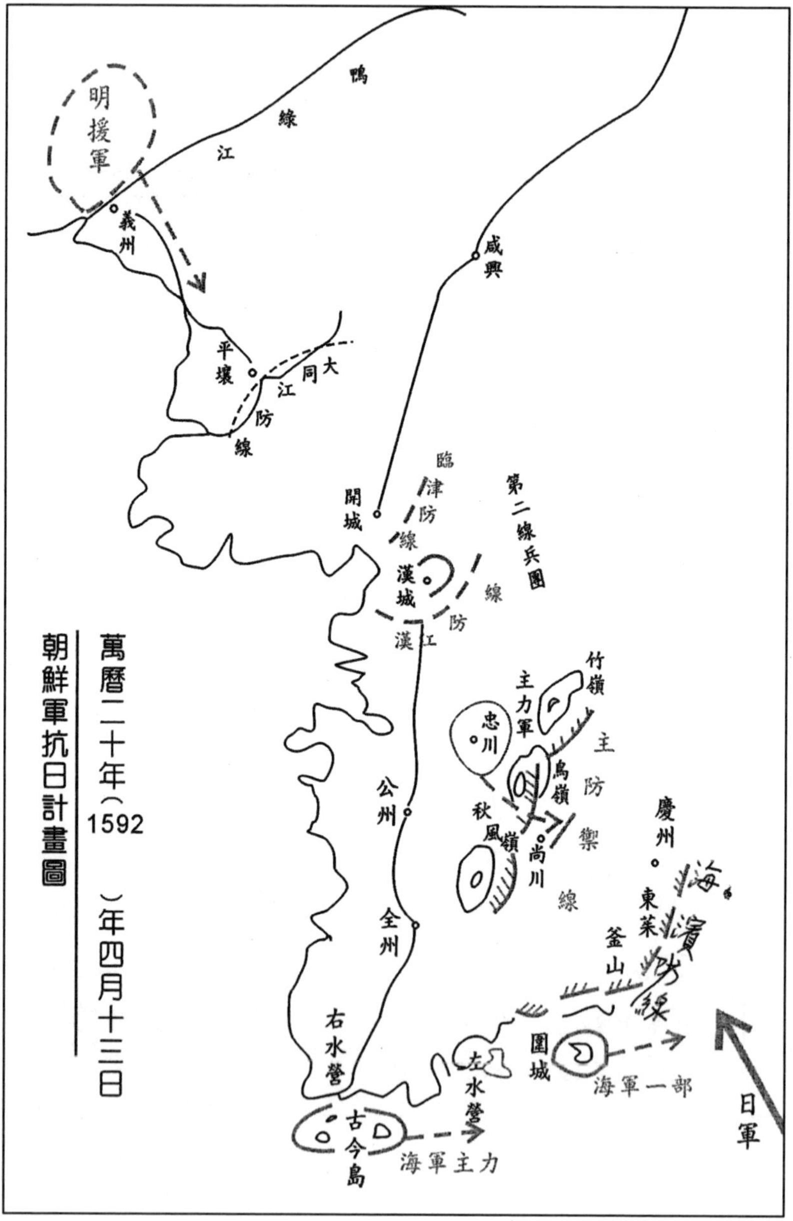
朝鮮軍抗日計畫圖
萬曆二十年（1592）年四月十三日
明援軍
鴨綠江
義州
咸興
平壤
大同江防線
開城
臨津防線
第二線兵團
漢城
漢江防線
竹嶺
主力軍
忠川
鳥嶺
主防禦線
秋風嶺
尚川
慶州
公州
全州
海濱線
東萊
釜山
右水營
左水營
圍城
海軍一部
日軍
古今島
海軍主力

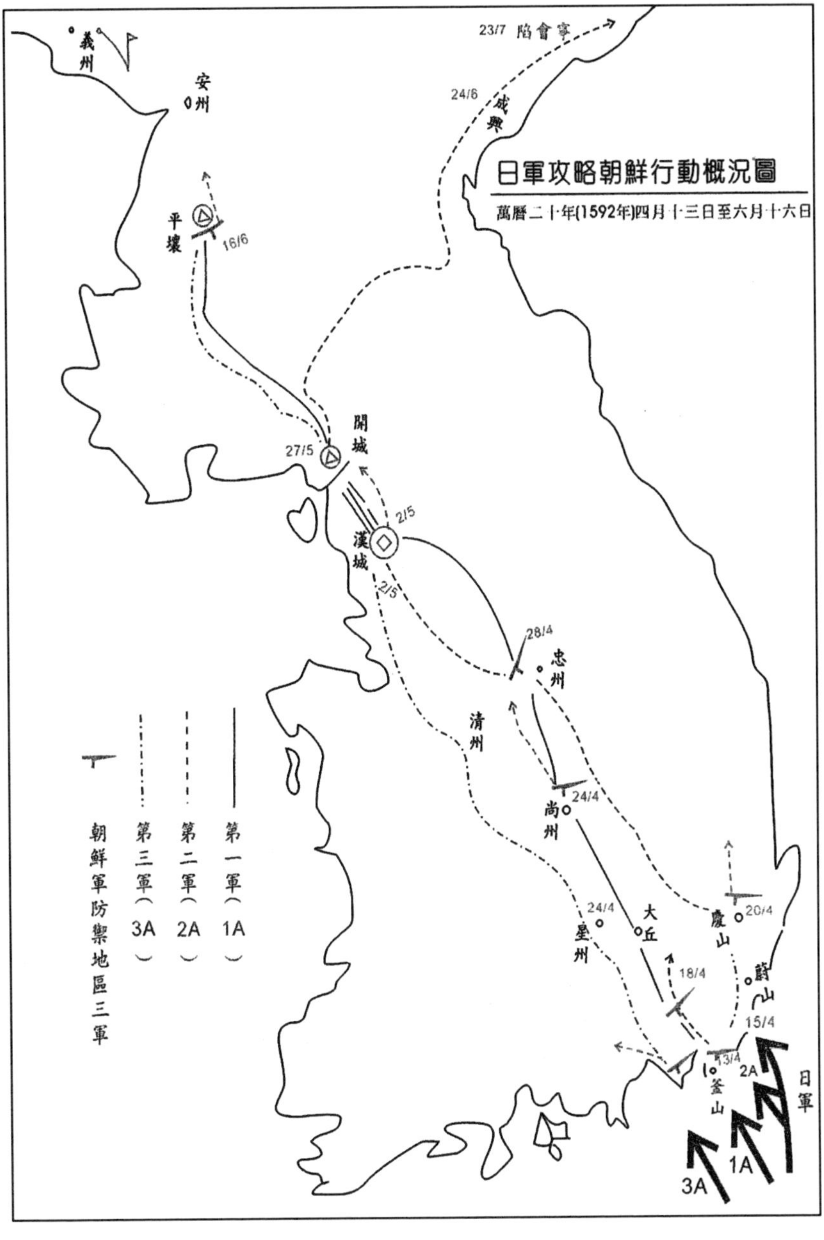
日軍攻略朝鮮行動概況圖
萬曆二十年(1592年)四月十三日至六月十六日
23/7 陷會寧
24/6 咸興
義州
安州
平壤
16/6
開城
27/5
2/5
漢城
2/5
28/4
忠州
清州
24/4
尚州
24/4
星州
大丘
慶山
20/4
蔚山
18/4
15/4
13/4
釜山
2A
1A
3A
日軍
第一軍(1A)
第二軍(2A)
第三軍(3A)
朝鮮軍防禦地區三軍

三、萬曆皇帝的軍政領袖們對朝鮮戰事的反應雖然太慢，但總算有了反應，把大軍開上朝鮮半島，也還來得及幫朝鮮復國。只是朝鮮軍碰上了日軍就不戰而降，也太遜了。

歷史上朝鮮軍碰上日軍就先垮了，是一種很難解釋的現象。萬曆二十年十二月二十三日，明軍東征提督李如松過鴨綠江（朝鮮已亡約半年），明四萬五千野戰軍源源履冰過江，朝鮮王在江邊迎接。

李如松首先在義州召集兩國軍政首長，舉行聯席作戰會議，經各方判斷分析後，確定中朝聯軍進攻平壤計畫。聯軍於萬曆二十一年正月六日，沿平壤外圍之線完成攻擊準備，預期於平壤外廓之線與日軍決戰，主決戰在小西門一帶高地。決戰日期：正月八日。

時佔據平壤的日軍是小西行長的第一軍，一萬八千人，及俘擄的朝鮮兵五千人。

中朝聯軍依計畫進擊平壤，當時明軍的武器裝備算是先進科技，有虎蹲砲、大將軍砲、佛郎機砲、霹靂砲、子母砲、火箭等，四天激戰，日軍損失慘重。九日晨，小西行長率殘部履大同江堅冰，向漢城方向退卻。沿途又受朝鮮軍追擊、截襲，狼狽不堪。

是役，明軍大獲全勝，會戰中死三十二人（日軍亡約一萬二千人）。朝鮮北部郡縣，如黃海、平安、京畿、江原四道隨之收復。（朝鮮行政劃分三都八道）半壁山河，得以重光，明軍開始向南擴張戰果。（平壤會戰過程均可參閱附圖）

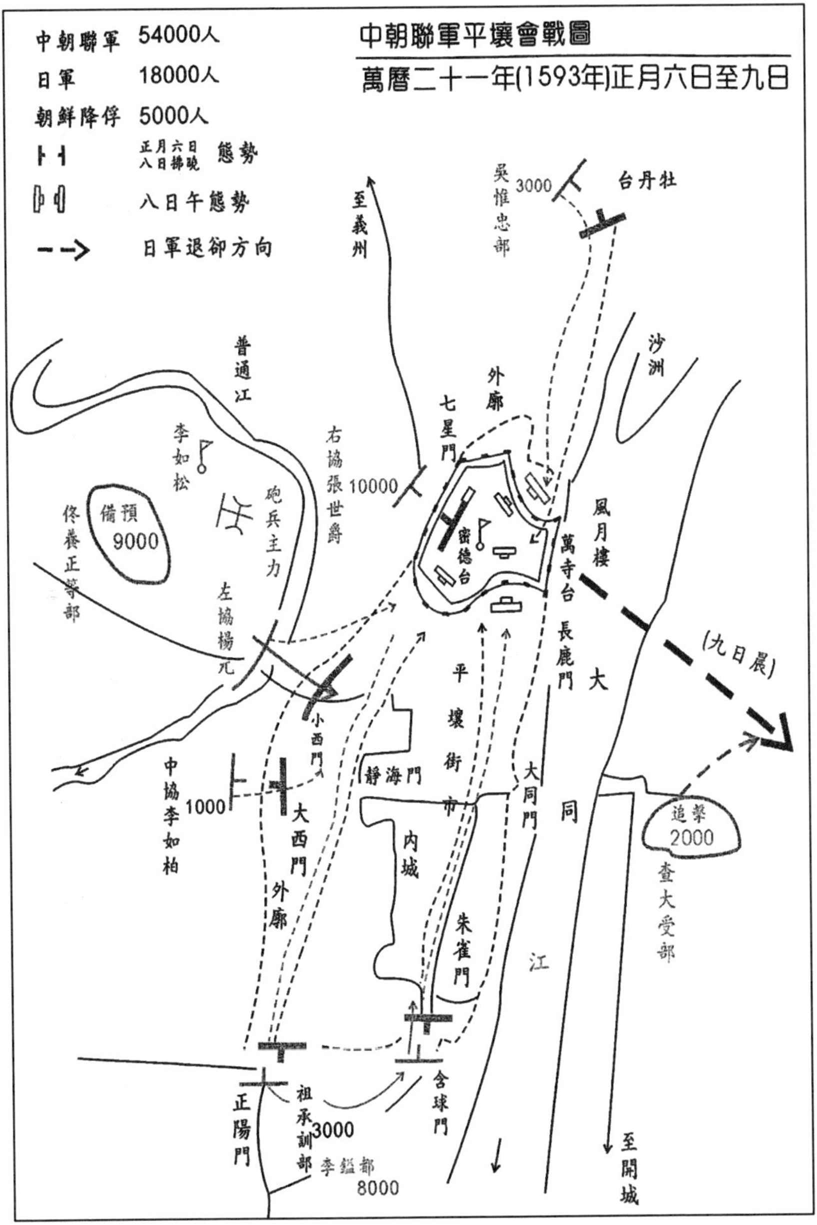
中朝聯軍平壤會戰圖
萬曆二十一年(1593年)正月六日至九日
中朝聯軍 54000人
日軍 18000人
朝鮮降俘 5000人
正月六日 八日拂曉 態勢
八日午態勢
日軍退卻方向
至義州
吳惟忠部
3000
台丹牡
沙洲
普通江
外廓
七星門
李如松
右協張世爵
10000
砲兵主力
佟養正等部
備預
9000
密德台
風月樓
萬寺台
長鹿門
左協楊兀
大
(九日晨)
平壤街市
小西門
靜海門
中協李如柏
1000
大西門
大同門
同
追擊
2000
查大受部
內城
外廓
朱雀門
江
正陽門
祖承訓部
3000
含球門
李鎰部
8000
至開城

四、明軍看起來不怎麼樣，卻打了大勝仗。日軍聽說很厲害，卻打了大敗仗。對明軍而言，似乎進展太順利了，為何戰爭還拖了七年？接下來定有不同的戰況！

明軍在平壤大捷，李如松果然有了輕敵之心，急欲南進取漢城，他以爲日軍真的不行。李如松於正月二十六日，帶數千輕騎直趨漢城，結果在半路上一個叫碧蹄的地方，遭日軍奇襲，打了一場小敗仗。

日軍方面，平壤慘敗後，北朝鮮部隊已全部退到漢城，中朝聯軍已對漢城完成包圍，處境對日軍極不利。日軍乃打出「和談牌」，李如松竟然同意和談，放棄殲滅日軍之良機。和談進行三年多，其實這是豐臣秀吉的策略，運用和談，邊打邊談，先撤退部份兵力（假象），再動員本國部隊，部署下一次進兵計畫。顯然，明總兵李如松是中計了，和談期間日軍最直接的收獲有：

㈠漢城的日軍轉進到釜山，構築南朝鮮堅固工事。

㈡攻取朝鮮軍固守的晉州，屠殺全城六萬多人。

㈢有充份時間重整軍旅，準備再進兵朝鮮。

萬曆二十四年（西元一五九六年，朝宣祖二十九年，日慶長元年）九月，秀吉又下動員令，次年二月二十一日頒訂作戰計畫，要旨有：

㈠以武力佔領慶尙、金羅、忠清三道，迫明朝割讓。

㈡以兵力十四萬進出三道地區，完成全面佔領。

㈢作戰行動開始日：七月二十五日。

㈣從本國再增兵十四萬。（第一次進兵已戰亡十萬）

萬曆皇帝得知消息大爲憤怒，朝鮮尤爲恐慌，做以下決策和措施，這回萬曆反應很快。

㈠主和派石星、沈惟敬因媚日及誤導政策，均問罪下獄，以貫徹全國一致對日作戰決心。

㈡兵部尙書邢玠爲薊遼總督，麻貴爲征倭大將軍及朝鮮提督，統一戰時軍政及戰地軍令。

㈢發大軍十萬，期一次擊潰日軍，使其不敢再犯。

㈣加強朝鮮水師，截擊海上日軍，斷其補給與歸路。

萬曆二十五年七月二十五日，豐臣秀吉果然信用，依原計畫對朝鮮發動全面進攻，南朝鮮不久就淪陷，漢城又岌岌可危。

五、從歷史上看，小日本鬼子好像很有侵略性，不是侵略中國，便侵略朝鮮，乃至菲律賓、南洋都曾受日本侵略。這回豐臣秀吉又侵略朝鮮，中朝如何迎戰？

七月二十五日，日軍發動全面攻勢，才四天，全羅道便告淪陷。約此時，十二萬日軍已在全州會師，刻正準備北攻漢城。而此時，明總兵麻貴之主力尚未到達漢城，只有先鋒八千人到，朝鮮軍又不可恃，乃先派副總兵解生率精騎兩千向南挺進，先敵佔領稷山要地。

九月七日，日右路軍先鋒部隊進抵稷山南約一公里，遭明軍奇襲，損失慘重，銳氣受挫，只得先退。是役，明軍以二千使日軍先鋒萬人受挫，日軍十二萬人遂不敢冒然北攻漢城。

是年十一月，明主力軍已開赴朝鮮戰場。總督邢玠決心用麻貴的作戰計畫，對東南沿海日軍發動鉗形攻擊，先以大軍四萬分三路協，左協軍李如梅、右協軍李芳春、中協軍高策，以加藤清正的第一軍為作戰目標。

十二月二十三日，中朝聯軍總攻擊日第一軍所在地蔚山城，首日明軍以優勢火力殲滅日軍甚眾，日軍退到島山恃險待援（均見圖），次日聯軍再圍攻島山，十餘日不下。戰事施至次年（萬曆二十六年）正月，日海上援軍到，日軍放出假情報，謂六萬援軍將投入戰場。明軍指揮楊鎬信以爲真，決心先退。可惜，楊鎬未做好退卻計劃，自先退慶州，前線兵力未明究竟，爭先奪路而退，造成無敵人而自潰，沿途天寒地凍，多懸崖溪河，明軍墜崖、溺死、凍飢而死，達數萬人，真是一場無敵自敗的戰役。

日軍目睹明軍自潰之慘狀，因本身也損失慘重而失去戰力，故不敢追擊。其作戰企圖乃轉趨保守，僅致力鞏固沿海據地，主動作戰權又掌控在明軍手中，蔚山撤退而死的明軍總算有代價！

六、蔚山戰役的實際情況，是日軍受重挫，死傷過半。明軍並未戰敗，卻在撤退過程亂軍自傷，死了這麼多人，也真是奇譚。接下來的仗要怎麼打？

蔚山之役明軍未敗，卻傷亡慘重，乃指揮官領導無方。所幸，朝鮮軍有新練成新兵二萬餘，明廷後方援軍及時到達，總計中朝聯軍又有十四萬餘人，兩國軍事政策轉趨積極，準備對東南七萬多日軍行掃蕩作戰。

中朝聯軍計畫推進到慶州——星州——全州之線，水軍進至古今島，陸軍兵分三路，以順天爲主目標，中央地區日軍爲次目標（均見圖）。攻擊發起日訂在萬曆二十六年（西元一五九八年）九月十一日。

和談期間，日軍已在南朝鮮建構堅固工事（如圖）。九月中聯軍勇渡南江成功，準備圍攻泗川城日軍，聯軍行迂迴突擊，到二十九日，數千日軍幾被全殲，聯軍續向新城逼近。新城是日軍中部根據地，由島津義弘率其第五軍防守，兵力約一萬人。

十月一日，聯軍對新城完成包圍，就攻擊準備位置，上午八時開始攻擊，初甚順利，雙方傷亡亦重。聯軍陣中忽有火砲走火爆炸（見圖彭信古營部），一時大亂，日軍乘機衝殺，第一線遂潰，第二線目覩以爲兵敗，亦各望風而遁。聯軍遂全線潰退，只好退軍回到星州。日軍並未追擊，可能戰力也耗損的差不多了。

是役，雙方損失皆重，只是這回聯軍先勝後潰退，而潰退的原因並非敵軍殺來，是本軍火砲走火爆炸，造成第一線大亂，第二線以爲戰敗，爭先恐後撤退。可見明軍或朝鮮軍的戰場紀律均不佳，所幸日軍已露敗象，中朝聯軍正在部署最大規模戰役，準備殲滅東南沿海的日軍。

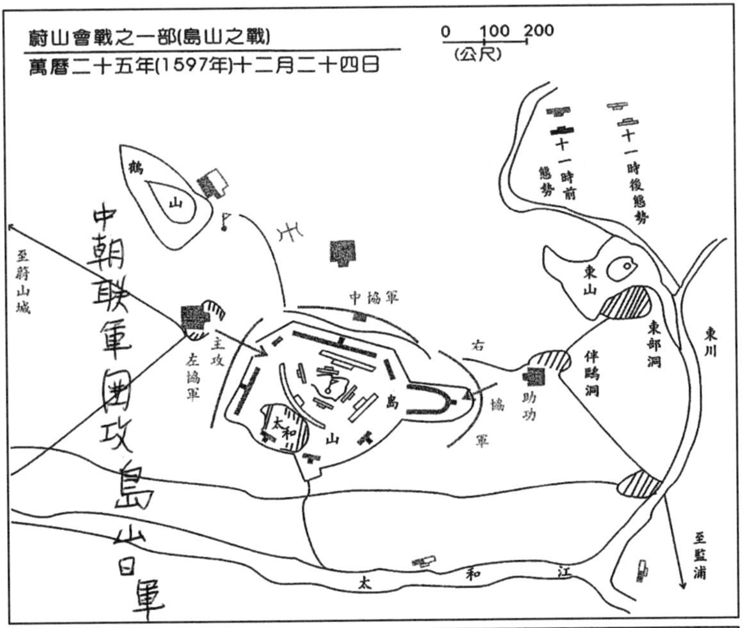

蔚山會戰之一部(島山之戰)
萬曆二十五年(1597年)十二月二十四日

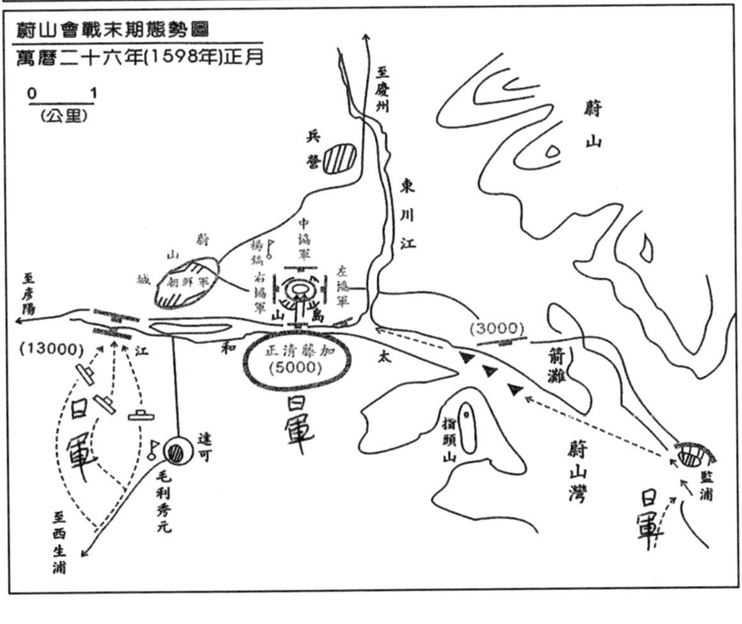

蔚山會戰末期態勢圖
萬曆二十六年(1598年)正月

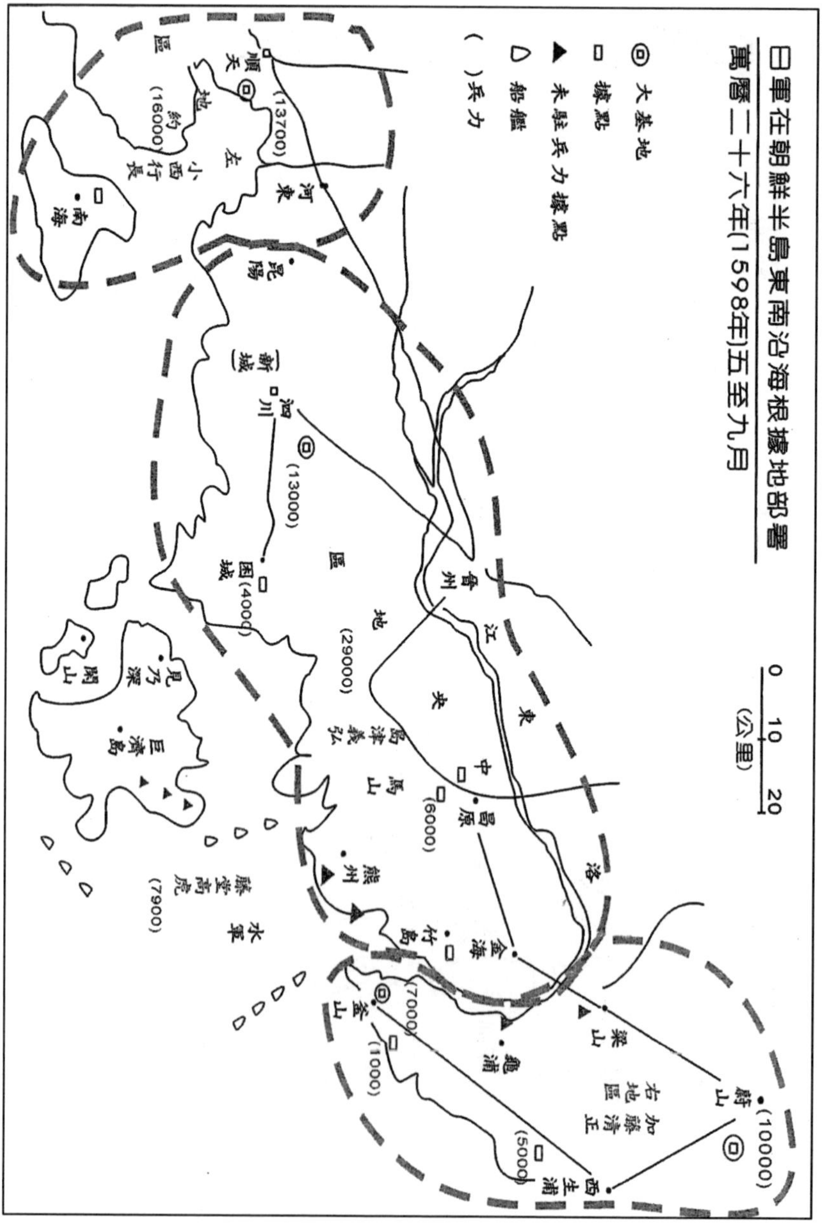
日軍在朝鮮半島東南沿海根據地部署
萬曆二十六年(1598年)五至九月
◎ 大基地
□ 據點
▲ 未駐兵力據點
◁ 船艦
( )兵力
0 10 20
(公里)
順天
(13700)
左地區
小西行長
(16000)
南海
河東
昆陽
新城
泗川
(13000)
固城
(4000)
晉州
中央地區
(29000)
島津義弘
馬山
昌原
(6000)
熊川
竹島
(7000)
金海
洛東江
釜山
(1000)
梁山
龜浦
蔚山
(10000)
右地區
加藤清正
西生浦
(5000)
巨濟島
見乃梁
閑山
水軍
藤堂高虎
(7900)

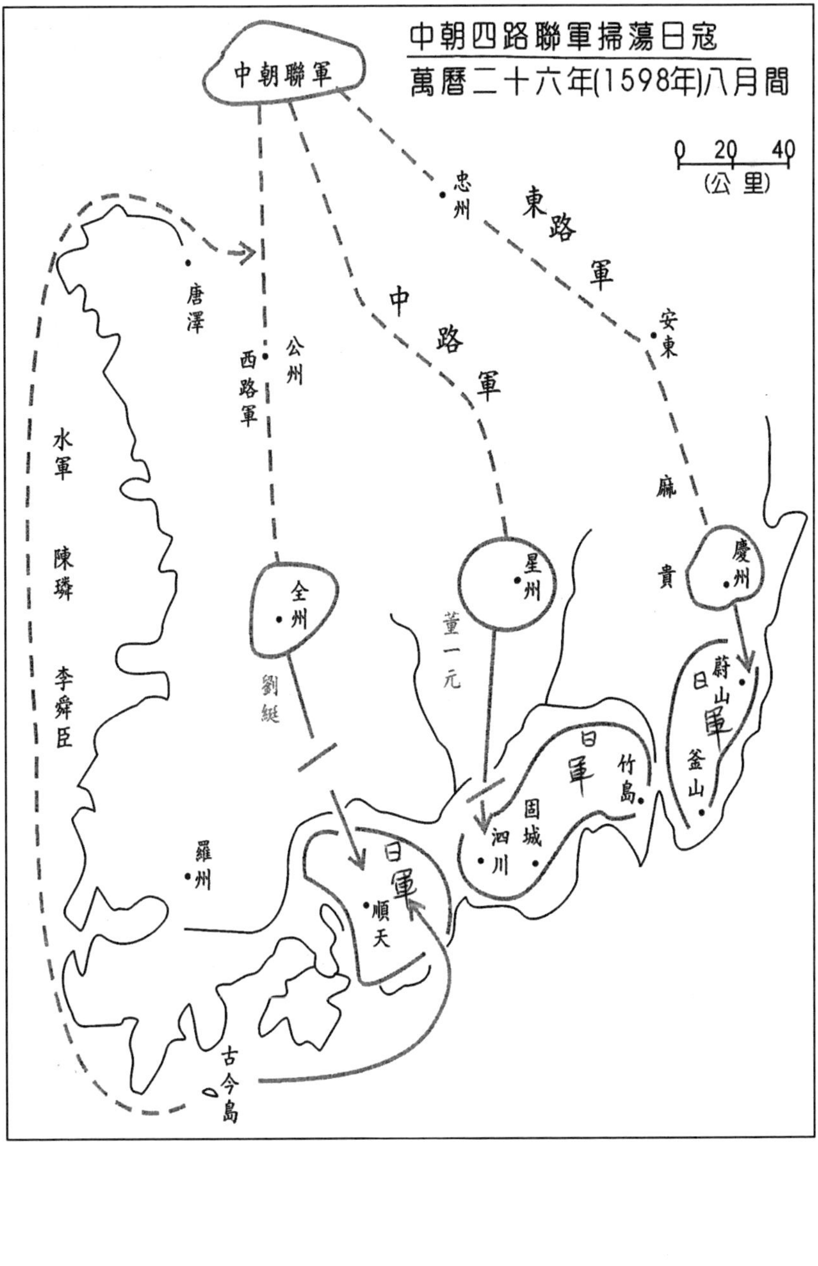
中朝四路聯軍掃蕩日寇
萬曆二十六年(1598年)八月間
0 20 40
(公里)
中朝聯軍
忠州
東路軍
唐澤
中路軍
安東
公州
西路軍
水軍
陳璘
李舜臣
麻貴
星州
慶州
全州
董一元
劉綎
蔚山
日軍
日軍
竹島
釜山
固城
泗川
羅州
日軍
順天
古今島

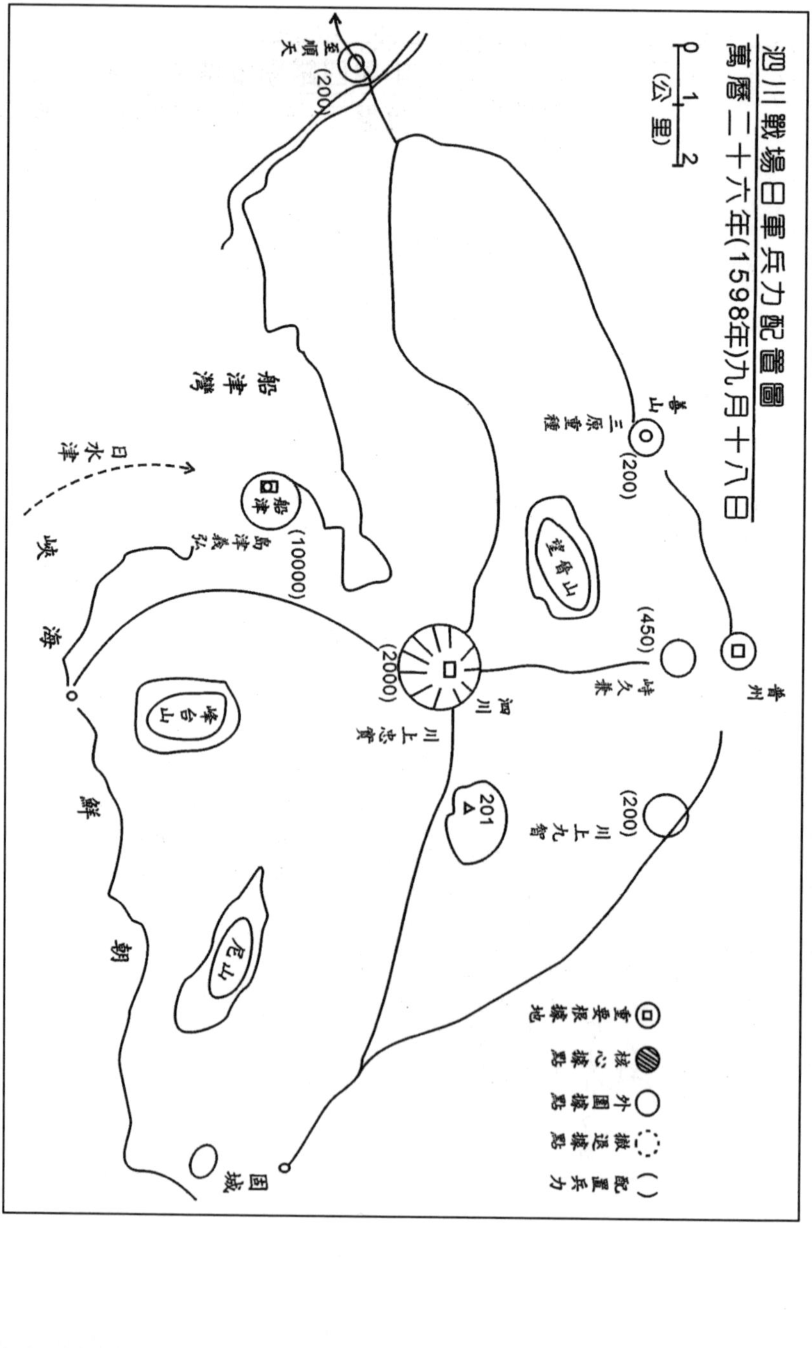
泗川戰場日軍兵力配置圖
萬曆二十六年(1598年)九月十八日
0 1 2
(公 里)
至順天
(200)
善山
三原重種
(200)
船津灣
日水津
船津
島津義弘
(10000)
望晉山
(450)
峙久秦
晉州
泗川
川上忠實
(2000)
峰台山
(200)
川上九智
201
尼山
朝鮮海峽
固城
重要據地
核心據點
外圍據點
撤退據點
( ) 配置兵力

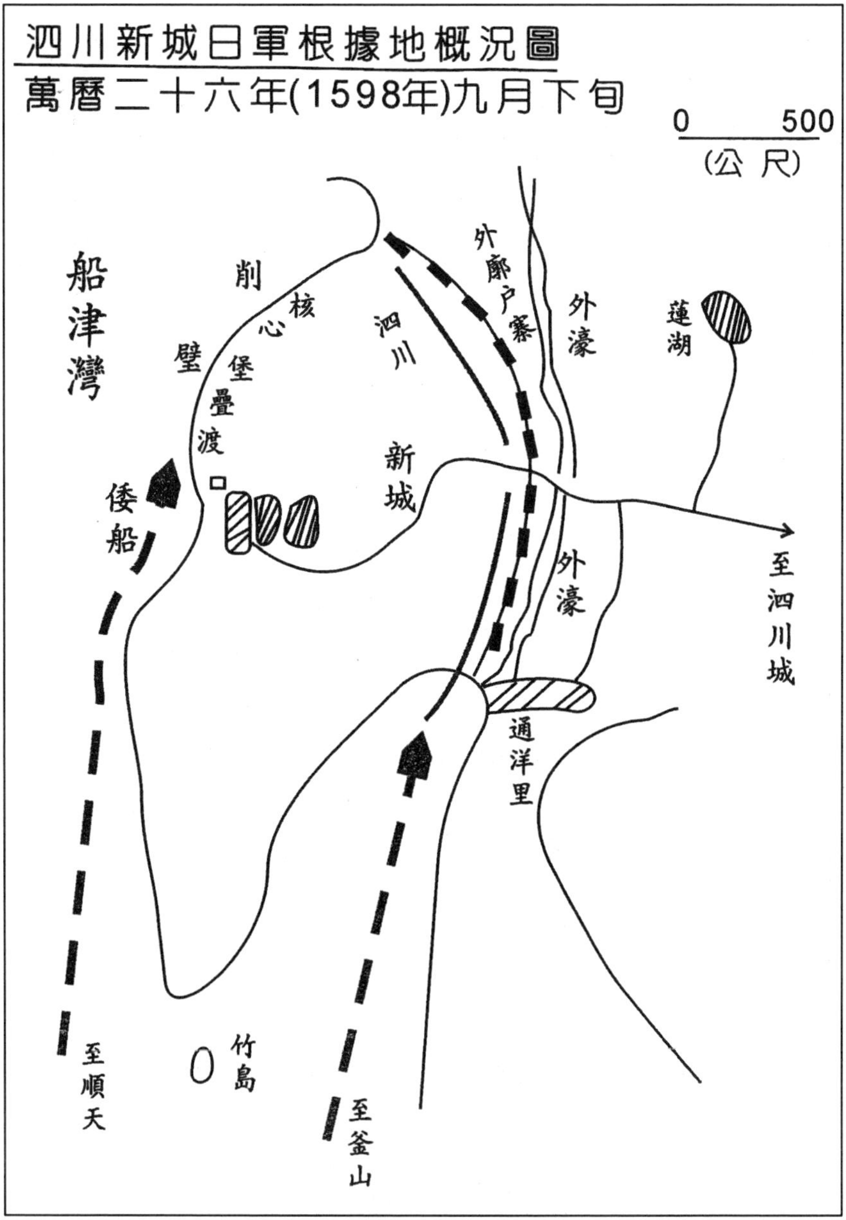
泗川新城日軍根據地概況圖
萬曆二十六年(1598年)九月下旬
0 500
(公尺)
船津灣
削壁
核心堡
疊
渡
泗川
新城
外廓户寨
外濠
蓮湖
倭船
外濠
至泗川城
通洋里
至順天
竹島
至釜山

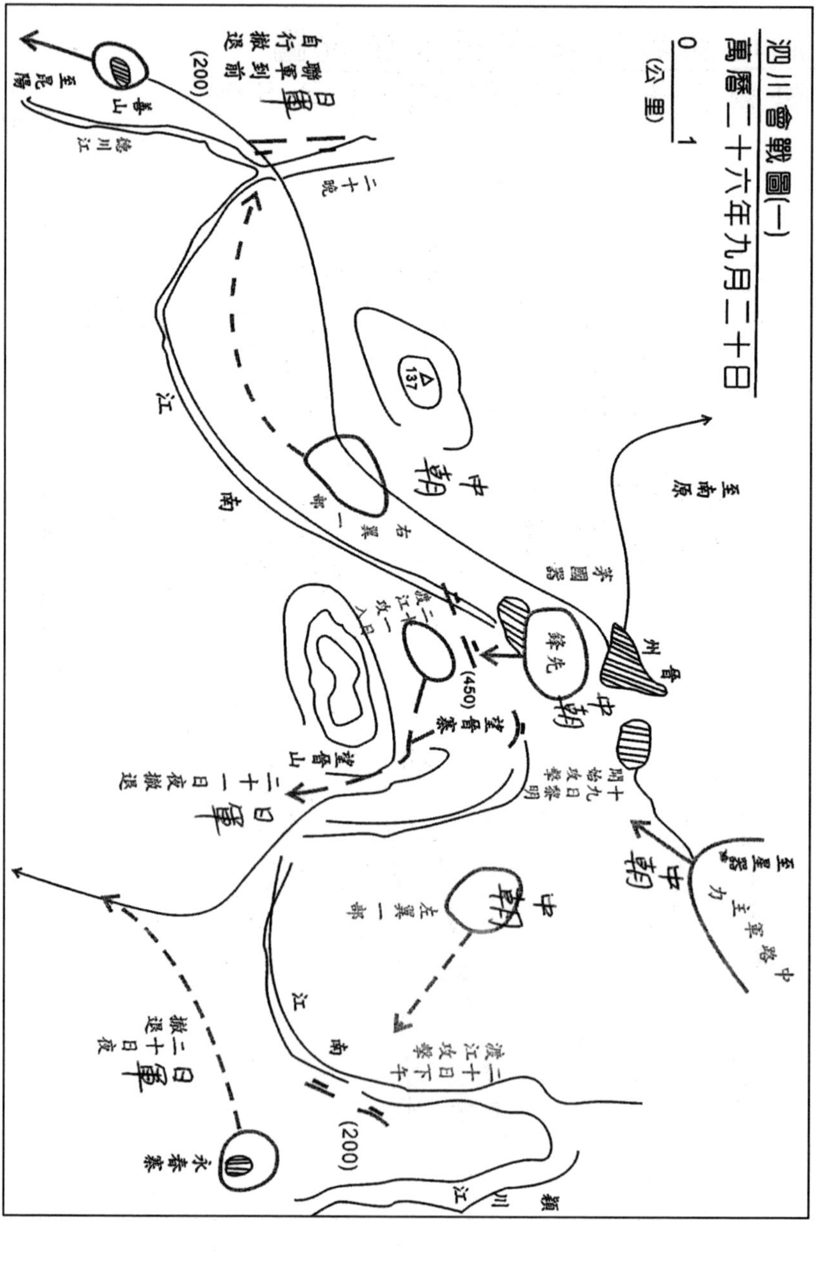
泗川會戰圖(一)
萬曆二十六年九月二十日
0
1
(公里)

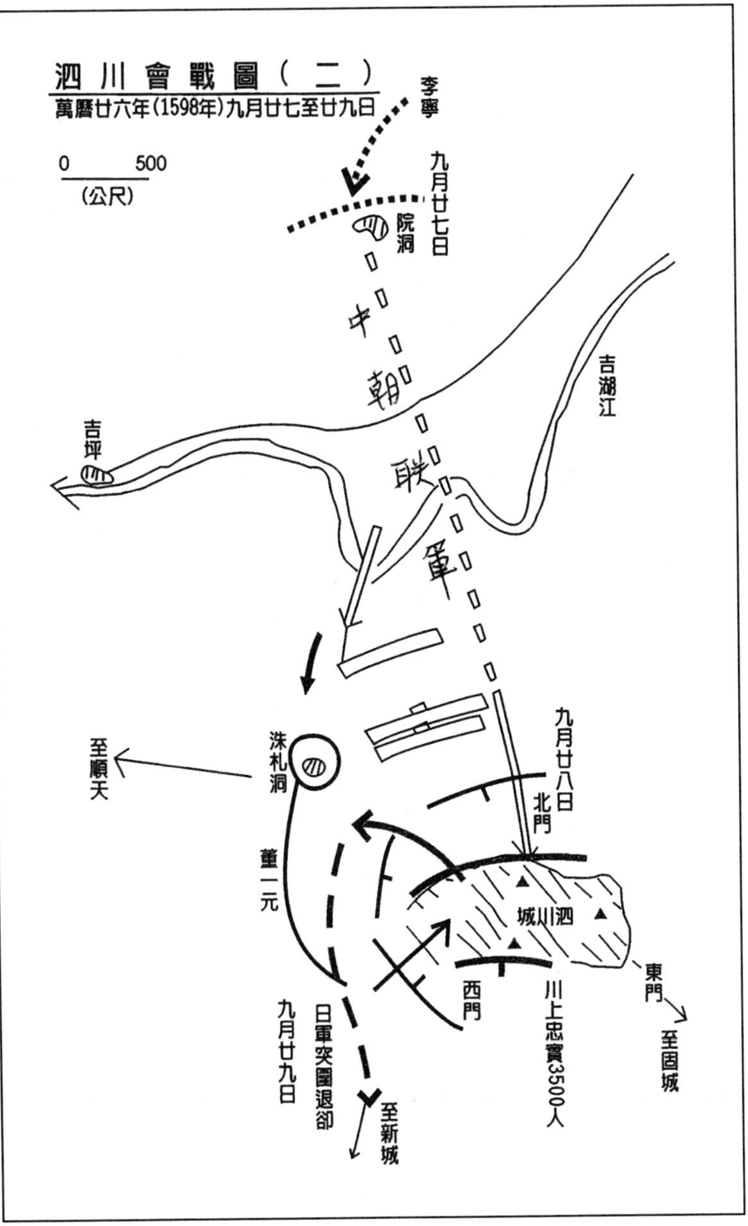
泗川會戰圖（二）
萬曆廿六年(1598年)九月廿七至廿九日
0 500
(公尺)
李寧
九月廿七日
院洞
中朝聯軍
吉湖江
吉坪
至順天
洙札洞
董一元
九月廿八日
北門
泗川城
東門
西門
川上忠實3500人
九月廿九日
日軍突圍退卻
至新城
至固城

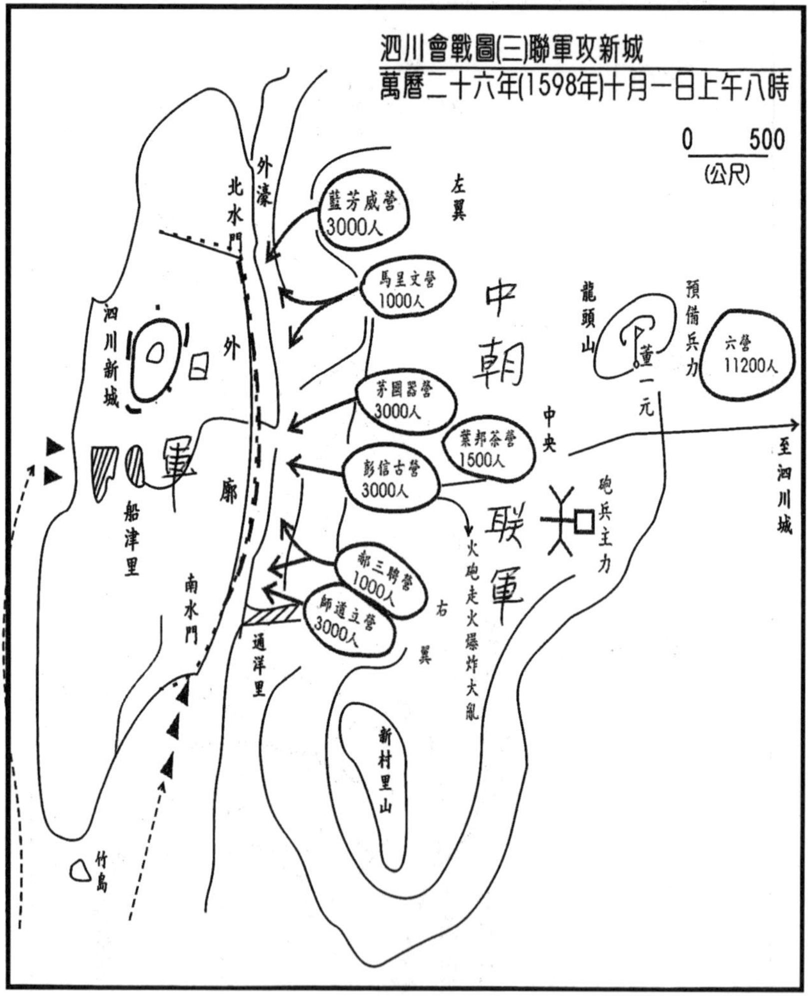
泗川會戰圖(三)聯軍攻新城
萬曆二十六年(1598年)十月一日上午八時
0 500
(公尺)
外濠
北水門
藍芳威營
3000人
左翼
馬呈文營
1000人
中朝聯軍
龍頭山
董一元
預備兵力
六營
11200人
泗川新城
日軍
外廓
茅國器營
3000人
中央
葉邦榮營
1500人
彭信古營
3000人
至泗川城
砲兵主力
火砲走火爆炸大亂
船津里
郝三聘營
1000人
師道立營
3000人
右翼
南水門
通洋里
新村里山
竹島

七、講到中日朝鮮七年戰爭，豐臣秀吉欲統一中朝日成東亞帝國，戰爭打了七年，眼看日軍節節敗退。豐臣秀吉的大帝國夢的破滅，是否是必然的宿命。

當然是必然的，想統一東亞，日本是永遠沒有機會。而且，小國爭霸會帶來災難，兩次侵華（萬曆年間和近代）就是明證。

萬曆二十六年九月，日軍仍盤踞朝鮮東南海岸，順天是南海岸中部之戰略要地，聯軍決定攻取順天。當時防守順天是日軍第二軍主力約一萬三千人，由小西行長統帥之。但聯軍攻順天並不順利，又撤回古今島，此次撤退很成功。十月，雙方又有大規模的海濱作戰，亦沒有結果，雙方形成對峙。

正在這緊要關頭，中朝的諜報人員，得到一項日方的「最高機密」，豐臣秀吉已在八月十三日病歿，臨終遺命有：

㈠德川家康繼掌國政，收拾殘局。

㈡痛悔發動此次戰爭的錯誤，怕明軍大舉來報。

㈢決心從朝鮮撤兵，「勿使十萬兵成海外鬼」。

於是，中朝聯軍開始部署露梁海上殲滅戰。情報顯示日軍從十一月十一日由順天的第二軍先撤退。這一戰日軍因無心戰鬥，消息走露。露梁之戰，日軍僅剩的四萬六千人，幾乎全被消滅，聯軍獲空前勝利。

拖延七年之戰火，終告結束，朝鮮全境得以光復。但中、朝、日三國已損失慘重，人命更不知多少？日軍在朝鮮進行全面大屠殺，朝鮮險些「絕種」，不知韓人子孫今日記得否？

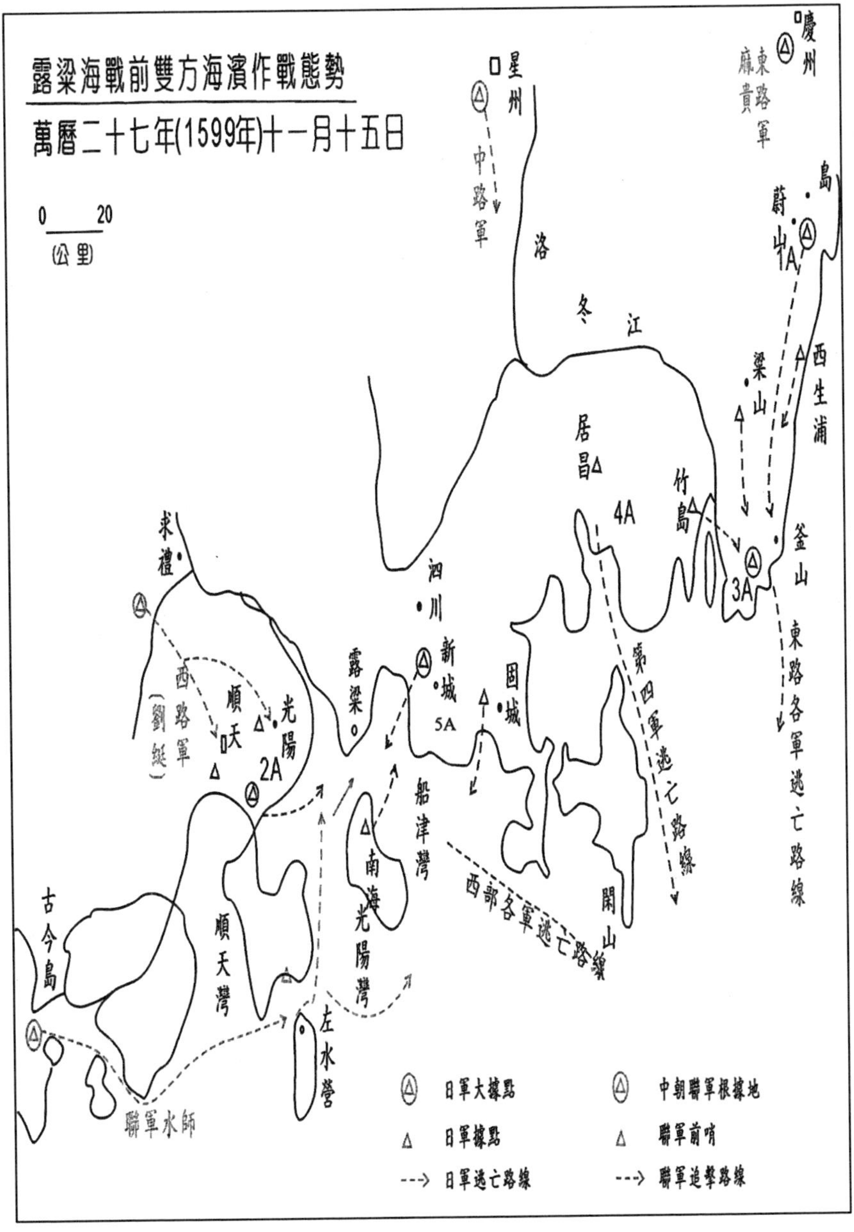
露梁海戰前雙方海濱作戰態勢
萬曆二十七年(1599年)十一月十五日
0 20
(公里)
星州
中路軍
慶州
東路軍
麻貴
島
蔚山
1A
洛
冬
江
西生浦
梁山
居昌
竹島
4A
釜山
3A
東路各軍逃亡路線
第四軍逃亡路線
求禮
泗川
新城
5A
固城
露梁
西路軍
(劉綎)
順天
光陽
2A
船津灣
南海
西部各軍逃亡路線
閑山
古今島
順天灣
光陽灣
左水營
聯軍水師
日軍大據點
中朝聯軍根據地
日軍據點
聯軍前哨
日軍逃亡路線
聯軍追擊路線

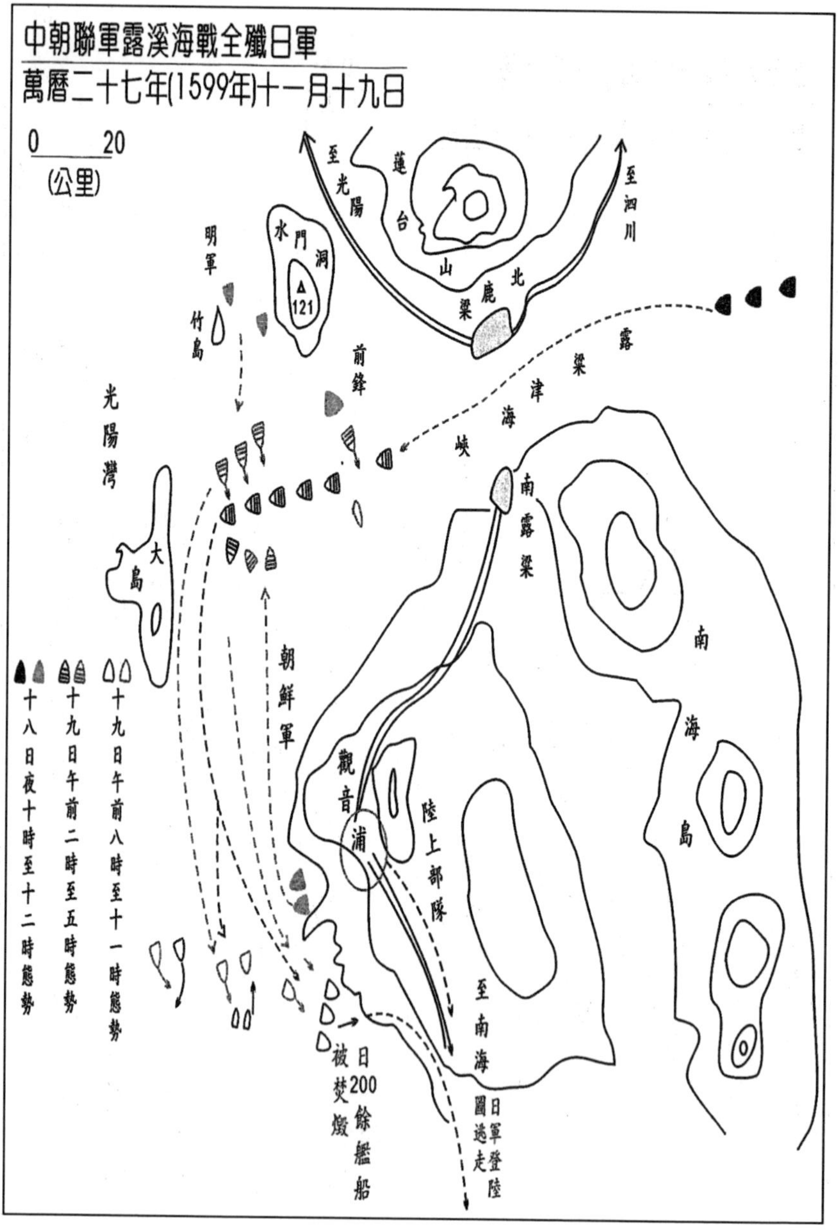
中朝聯軍露溪海戰全殲日軍
萬曆二十七年(1599年)十一月十九日
0 20
(公里)
至光陽
蓮台山
至泗川
北
鹿
梁
水門洞
121
明軍
竹島
前鋒
露梁津海峽
光陽灣
大島
南露梁
南海島
朝鮮軍
觀音浦
陸上部隊
至南海
日軍登陸圖逃走
日200餘艦船被焚燬
十八日夜十時至十二時態勢
十九日午前二時至五時態勢
十九日午前八時至十一時態勢

八、豐臣秀吉發動這場侵略戰爭，臨終雖後悔。但二十世紀初日本又發動更大規模侵略戰爭。顯然日本沒有從歷史得到教訓，為什麼？還有，戰爭打了七年，結速後應該有個檢討吧！

首先從戰役檢討開始，是役，實爲三國人力物力財力的總消耗戰賽。就兵力言，明朝投入二十二萬餘兵，朝鮮投入約十九萬，日本四十七萬餘。而戰死沙場者，明軍三成，朝鮮軍八成，日軍除本國外，在朝鮮戰場幾全數被殲。

損失最大莫如朝鮮，舉國淪爲戰場，日軍每攻下一城便屠城，老少不留。在一本朝鮮戰後的書叫《亂中雜錄》說：「喪亂之餘，死民之八九矣！舉國陷入絕境，土崩瓦解，險些滅種！」論戰果應有：

㈠正義之重振。中朝聯軍不惜代價，終將侵略者驅除半島之外，重睹和平，是正義的勝利；反之，是侵略者之末路悲歌也。

㈡奠定朝鮮和平基礎。此役之後，侵略者野心爲之遏阻，是後兩百年間日寇不敢再犯朝鮮，安全得以保障。

㈢中國援朝乃義戰，安全基於正義，無條件出兵。終戰後亦無條件撤兵，明軍爲仁義之師，當之無愧。

㈣以中朝兩國之歷史、地緣及政治關係的基礎，建立兩國聯合作戰之典範和史例，近代韓戰亦此一典範所形成。

至於談到日本人總愛侵略鄰國，這和他們生在島國又不甘心有關。豐臣秀吉曾自喚「吾不幸生在小島……」就是日本人在心理上就不甘心做「島國之民」的心理反應，於是代代相傳要向大陸發展（如田中奏摺），日本人也就代代都有侵略性。我判斷百年之內，日本還會發動侵外戰爭。

有什麼方法可使日本不會再侵略鄰國，自古以來中國是亞洲的老大哥，有責任處理「日本問題」。把日本收爲屬國或我國之一省，或許是辦法之一。

九、這場戰爭結束時已到了明朝末年，明末流寇與滿清入關，終於使明朝劃下悲哀的句點。其實每個朝代的結束，都有許多悲情，在這驚心動魄的大時代，對每個人都有巨大影響，對後世影響多大？

是的，明末的悲情特別多，更多的是驚天地，泣鬼神，可歌可泣的故事。而且，故事離我們（台灣）越來越近了。

萬曆二十六年底，中日大戰結束，到明亡（西元一六四四年）才四十六年，這是很短暫的時間。此期間，明政腐敗、官吏貪污、民窮財盡、盜賊四起。叛軍、逃兵、飢民如流，謂之「流寇」，張獻忠、李自成爲最大之寇股。自崇禎元年（西元一六二八年）開始剿寇均無功，直到明朝滅亡爲止。

正當明王朝做最後掙扎，面臨瓦解之時，滿清入關，在薩爾滸一戰（萬曆四十七年，西元一六一九年），明軍戰敗，由此節節戰敗向南退卻。直到崇禎十七年（西元一六四四年）三月，莊烈帝縊死煤山，明亡。

但明亡後，明皇室、遺臣在南方及海外（台灣）從事反清復明工作，到康熙二十二年（西元一六八三年）收回台灣。反清復明的工作，等於進行三十九年，史稱「南明」。皇室的復國工作，前後有福王朱由崧、魯王朱以海、靖王朱亨嘉、唐王朱聿鍵、桂王朱由榔、唐王朱聿𨮁及宗室朱容藩等，均告失敗。

最有歷史意義，及歷史評價最高者，是鄭成功的反清復明大業。他從荷蘭人手中收回台灣，及最後康熙又收回台灣，是我們現在做爲歷史反省與警惕的教材。

這一路下來，到今天台灣的處境，有誰知道和豐臣秀吉有什麼關係？冷靜去思考，會發現存在著因果關係。因爲日本人的「天命」，對世界而言，是一股「魔道」。

小結

中日「朝鮮七年戰爭」打完了，日軍慘敗（被全殲），明朝慘勝，不久亦亡於清（應說是中國式的政權轉移）。日軍雖敗，但「天命」仍在，他們的子孫後來又發動了兩次「天命之戰」，吾人研究前後三次侵華戰爭的時隔：

△**第一次實踐「天命」之戰**：第一次侵華戰爭，即朝鮮之戰。明萬曆二十年（西元一五九二年、朝鮮宣祖二十五年、日文綠元年）始，萬曆二十六年底（一五九八年）大戰結束。

△**第二次實踐「天命」之戰**：第二次侵華戰爭，即甲午戰爭，光緒二十年（一八九四年）六月，到光緒二十一年正月。

△**第三次實踐「天命」之戰**：第三次侵華戰爭，即民國的八年之戰，我國稱「八年抗戰」。自民國二十六年（一九三七年）全面抗日起，民國三十四年（一九四五年）結束。

研究以上時隔，第一次天命失敗到第二次天命再戰，隔了兩百九十六年（一五九八到一八九四），此期間倭國進行著「富國強兵」改革，而滿清正盛。

第二次天命之戰結束，到第三次天命再戰，則只有四十二年（一八九五到一九三七）。此期間，倭國強盛，而我國內亂（民初軍閥混戰）結束，國家統一不久，按倭國野心家估算，可「三月亡華」，又失算！

從倭國第三次天命之戰慘敗（無條件投降）後，他們以瞞天過海之策，積極整經濟、再備戰，從民間發起「富國強兵、天命再戰」（右派勢力）的聲音。到廿一世紀初，只欠一把「絕世兵器」（核武），若非此次「天譴」，二十年內必練成絕世武功（擁有核武），到時，是第四次啓動「天命之戰」的時機。

好險！來個「天譴」！只死幾萬人！

不然，第四次侵華，中日又大戰，會死多少人？可能又幾千萬，這簡單的算術一估，「天」還是慈悲的！

參、倭國二戰後的戰爭準備：以「瞞天過海」之策「再軍事化」

「天」都瞞住了，世人也就看不見。
但「天」永遠瞞得了嗎？世人都是白痴嗎？

倭國子民最近一次實踐「天命」，即第三次侵略中國之戰，我們稱「八年抗戰」，不幸又如第一、二次慘敗。以戰敗國收場，表面上似被解除武裝，因不能建立正規軍。日本表面上「無軍事武力、無軍隊」，他們說「自衛隊」不是軍隊，故非軍事武力，憲法也叫「和平憲法」。其憲法第九條：

日本人民衷以至誠，願以公平和秩序為基礎，建立國際和平，永遠放棄以戰爭作為國家的主權，以及威脅或使用武力，作為解決國際爭端的手段。

為達成上述目標，日本永不建立地面、海上和空中的軍隊，以及其他的戰力潛力，不承認敵對的立場為國家的主權。

但內行人（有軍事、戰略、國防素養者），都知道大約到一九六〇年代後，日本自衛隊的戰力，已是全球第三（次於美國和當時的蘇聯），所以「力量」不能看表相。

日本也是當代（二戰後），唯一能做到「國防與民生合一」的國家。這曾是孫中山的建國理想，全球只有日本人做到藏國防於民生，而且很徹底，內行人也知道，日本的家電。如唱機、冰箱、冷氣機……乃至現在流行的電子產品，當中有些零件可同時用於飛機、戰艦、戰車等三軍武器裝備。

這一切準備，只爲完成他們的「天命」，把中國（含台灣）、朝鮮統一起來，成爲一個「大日本國」進而再侵略其他鄰邦。

世上有許多大國、強國（如美、俄、印度、中國），亦有好戰之國（如以色列），有那一國家爲戰爭準備，能把國防和民生做如此緊密的結合。更厲害的，他們的軍人（即自衛隊員），能與產業界幹部互調，全球何者能做到這個「境界」？唯日本能，這是一個「可怕的民族」。本節略說其產業界和軍事的結合，以二戰後數十年為準，分項如後。

一、工商界為「產業與軍事一體化」的努力

從一九四五年日本無條件投降，二十多年休養生息，國力開始壯大。

一九六九年十月廿三日的「朝雲新聞」報導：

> 在複雜的國際情勢之下，欲確保我國的獨立與和平，以現有的防衛力量實不足以應付……我國在憲法許可範圍內，應努力於自主防衛力量的建設，國防的主要任務在於充實本身力量，期能自行肩負國家安全責任。因此，必須儘量建立足以對抗局部戰爭的有效防衛組織。

以上乃第三次防衛計劃在進行中的一九六九年十月，當時的防衛廳長官有田所強調的擴張軍備理論。在這個同時，他復指示有關單位制定第四次防衛計劃（一九七二至七六年）。這時「美日安保條約」才簽了十年（一九六〇年元月十九日在華盛頓簽訂），就同理心推論，多數國家不願把安全託於別國，日本也一樣，所以他們要自建武力。

在第四次防衛計畫的草案中，防衛廳長官列舉必須考慮的重要事項有六點：①加強

海上防衛力量。②充實空中攔截作戰能力，以提高防空戰力。③提高反登陸及反空降作戰能力。④更新裝備，發展國內技術及裝備國產化。⑤確保戰鬥人員。⑥鑒於琉球地理位置的特殊性，強調機動力與獨立性的重要性。（注意！琉球至今仍是中國領土。）

後來的防衛廳長官中曾根，也繼承了有田的第四次防衛計劃構想，擴大實施「自主防衛」的第四次防衛計劃。

然而第四次防衛計劃的內容，是否僅限於「保衛國家」的目的呢？

根據一九七〇年十一月十一日的「朝日新聞」報導：

工商界的領導機構有鑒於從一九七二年度開始的第四次防衛計劃的裝備計劃，認為七〇年代的長期財政計劃，應置於加強自主防衛的戰略目標的基礎上，而透過財政大臣顧問機關的財政制度審議會（會長為阿拉伯石油公司董事長小林中）等有關機構，極力期望政府從明年度的預算開始，從事於建立基礎的工作。

按此報導，日本的工商界對國家軍事力量的增強，比政府官員更有企圖心，經濟當然是主要的誘因，但右派勢力「再軍事化」的主張影響也大。所以，第四次防衛計劃就成了工商界運用的工具，同日朝日新聞又有報導：

……防衛廳於上月（一九七〇年十月）宣佈第四次防衛計劃，日本的防衛方針從「專守防衛」轉變為「戰術性攻勢」，使曾經主張「麻六甲海峽防衛」（木田川一隆，東京電力公司董事長），「修改憲法第九條」（櫻田武，日清紡織公司顧問），「增強三倍海上自衛隊戰力」（大久保謙，三菱電機公司董事長）的工商界領袖，更欲積極推展第四次防衛計劃。因為工商界領袖們認為，日本已躍居自由世界第二位的國民生產毛額國家，所以應配合其經濟力量。

由此觀之，日本等於從戰敗後二十多年又站了起來，推翻「自衛」限制，也打破了所謂的「和平憲法」，他們要轉守爲攻了。

二、韓戰契機與「產軍一體化」的起點

日本之曾爲世界經濟大國，雖有其歷史背景，如明治維新，但二戰後不久又能壯大，韓戰是重要契機。產業與軍事一體化再度連接密實。

「產軍一體化」起於何時？一九六二年的第二次防衛計畫是重要的起點，此時期，陸上自衛隊與航空自衛隊擁有地對空飛彈，這是勝利女神及鷹式飛彈，從此打開國內生

產的道路，並從美國得到的舊型戰車改造爲國產化的新型戰車。海上自衛隊則利用日本原本發達的造船技術，力求自行造艦。航空自衛隊以「裝配」方式開始裝備 F-104 新型戰鬥機。自動防空警戒管制系統，亦於第二次防衛計劃中訂定輸入計劃。基於從外國輸入，國內裝配，日美技術合作及國產化的各種方式之下，工商界與政府及防衛當局之間遂漸溶爲一體，朝向武器國產化的途徑邁進。

日本「產業與軍事一體化」的狀況已有十餘年的努力，但有百年以上深厚的背景。其密切關係遠超過一般國民的想像，盡在高層野心家掌控著。外界或國際更是不得而知，日本國民其實被野心政客牽著鼻子走而不自知，也可以說人民是被集體「洗腦」的。此種情形在西方民主社會多如是，但日本最可怕！

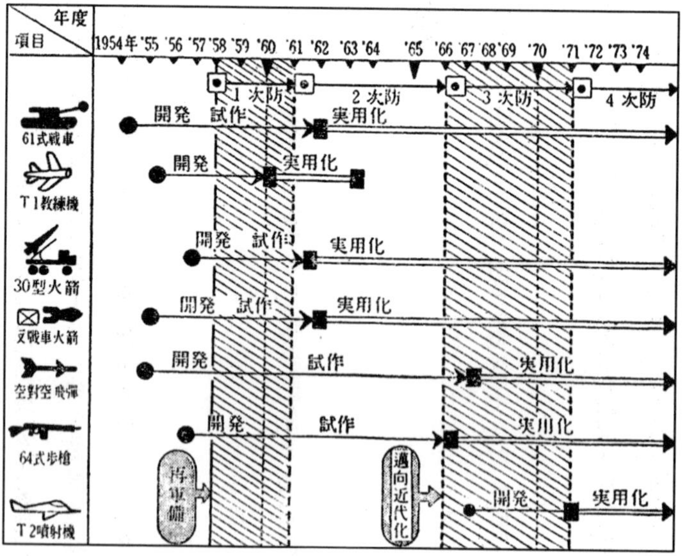

邁向國產化

三、三菱與國家同在

第四次防衛計劃的預算，從七兆日元削減爲五兆二千億日元，一九七二年預算又凍結，產業界當然很不爽。但政客也要顧慮民意支持度，顯然產業界的「國家使命」比當官的更高。一九七二年五月出版的「軍事研究」月刊中，三菱的一個課長田仲廣甫發表演說：

……對第四次防衛計劃的預算凍結，或取消一九七二年度的預付基金等措施，實令人費解。由於受到輿論的錯誤引導而屈就的做法，實使人懷疑是否真正瞭解國防的重要性……。

田仲又說：

……本公司成立以來，抱定與國家共存亡的決心，為國家與社會提供最大的貢獻為宗旨。我相信，我們公司絕大多數員工均具有這種服務態度。

放眼全世界，各國的民間產業，有怎樣的公司行號能說得出「與國家共存共榮」（即國在我在、國亡我亡），這樣「偉大」又受人「佩服」的話？沒有，只有日本的民間產業有此豪氣、壯志。但他的壯志叫人害怕，叫人心寒寒的！

就因民間軍火工業有此壯志，也是朝野的共識，他們的武器、裝備幾可完全自己生產，不論戰機、戰艦、戰車等等都能自產，且品質一流。這當然和兩百年工業基礎有關，也並非戰後，二十年可完全辦到。

四、「產業與軍事一體化」的神奇關係

一九七〇年八月十四日的「每日新聞」，報導：

……三菱重工業公司在戰後擁有三分之一的飛機市場，因此目前所佔的百分之三五比率並不算高。戰車市場為百分之百，此與技術有關，故不得不集中於一製造廠……

三菱重工業公司董事長河野文彥理直氣壯地說，三菱航空工業公司得以獲取巨額的防衛預算，是從製造零式戰鬥機以來一貫的業績表現。

然而被認爲「國家兵工廠」的三菱重工業公司，由政府於戰後的第八年賦與成立噴射式軍機公司的機會。當時，駐日美軍的 F-86F 噴射戰鬥機，T-33 教練機的機身及引擎

的維護修理工作，經與三菱及川崎航空工業公司訂約，從而給三菱公司打開一條對新型軍用飛機的研究與學習的道路。

製造了F-86F戰機經驗後，接著又獲得當時所謂「最後戰鬥機」F-104J的生產工作。從此，三菱一躍而爲第一流的飛機製造廠，其背後則隱約顯示出產業與軍事一體化的微妙關係。所謂不建軍備，已是謊言。

五、民間產業的「軍火」雄心

一個國家的軍備必然都要前瞻數十年，像日本這樣急於實踐「天命」的民族，必定天天都在想著如何可以找到「絕世兵器」可以稱霸武林。

一九七四年航空自行隊開始進行FX（新型戰機）選定工作，民間的航空工業打起前哨戰，候選主要機種如下：

①F-16戰鬥轟炸機：美國G.D公司（日本方面的公司未定）。

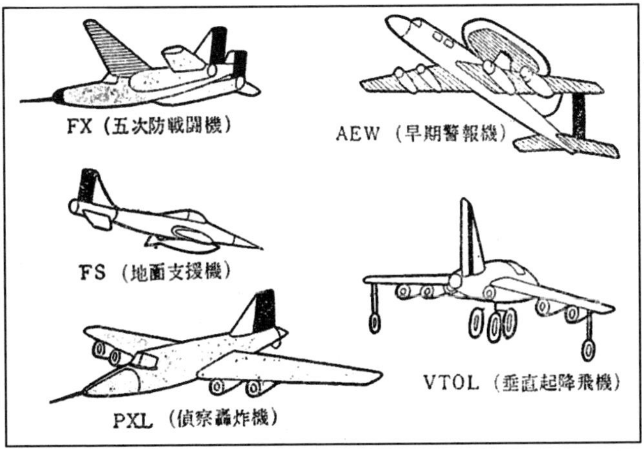

第五次防衛計劃的作戰飛機

②F-14 戰鬥轟炸機：格魯門公司（日本方面爲丸紅或住友商事公司）。

③P-606 戰鬥轟炸機：諾斯洛普公司（日本方面爲伊藤忠商事公司）。

④F-4 改良型戰鬥轟炸機：製造商（三菱重工業公司）。

⑤T-2 改良型戰鬥轟炸機：製造商（三菱重工業公司）。

日本的「產業與軍事一體化」，通常是政府和民間唱著雙簧，政府說軍事力量要強化，武器製造商就增加生產量。這回的新戰機選定也一樣，三菱重工業公司首先獲得一二八架 **F-4EJ** 戰機的生產合同，後來製造商再要求追加生產二四架。

這種由製造商追加生產量的要求，早已成爲一種慣例，因爲民間公司總認爲國家的軍事力量不夠強大，要追加國防預算（下項說）。甚至可以這麼說，民間產業量的武器製造商，想要製造多少武器，以多好的價錢賣出，幾可隨心所欲，這是「產軍一家」的結果。以 **F4-EJ** 爲例，三菱訂定交貨單價十六億日元，生產時成本提高而要求二十億，一九七三年交貨又提高到二十二億日元。防衛廳也幫製造商背書，說：「這是無可奈何的」。

假如拿台灣和日本民間產業比較，日本產業界對製造武器裝備，比政府更有企圖心；而台灣完全沒有。

一九六六年元月，防衛廳長官松野賴三說：「如果日本五年內能發展一・五馬赫噴射教練機，當可由本國自造。」不久，三菱公司發表超音速教練機（TX 型）建造計劃，三菱在第四次防衛計劃中即得到製造合同，生產五十九架 T-2 教練機。

六、民間製造核武探索與軍費「聖地化」——工商界國家主義的形成

世界各國的民間聲音，都希望國家的國防預算越少越好，人民的負擔可以輕些。大概只有日本的工商界，天天高喊要大大的提高國防預算，這是一種強烈的國家主義（軍國主義的兄弟）。在當時日本各界很有名望的社會領袖，有如下的看法：

三菱化成公司董事長篠島秀雄說：「國防預算爲國民生產毛額的百分之〇・八四（一九六九年度預算），實在太不像樣」。

三菱電機公司董事長大久保謙說：「居於自由世界第二大國的日本，一直仰賴外國的軍事力量，實屬一種恥辱」。

阿拉伯石油公司董事長說：「將來應製造核子武器」。

前三菱重工業公司董事長牧田說：「應把日本武裝爲刺猬一樣，以保衛國家」。

東京電力公司董事長說：「必須確保麻六甲海峽的航海安全」。

以上或許不能視爲「普通民意」，因爲每個國家的政局和民間社會，必然有從左到右不同程度的主張。但像日本這種民間社會的「國家主義」，聲浪必定很高，勢力也強大，才有可能形成政策，甚至主張要製造核子武器。

爲何要確保麻六甲海峽的航行安全，因爲日本是一個極度依賴外國能源的國家。以一九七三年四準，石油佔日本總能源消耗總量百分之八十點四，其中百分之九十九點六要進口，這些進口中的百分之八十以上來自中東，必經麻六甲海峽，這是日本的「生命線」。

當然，日本民間也有主張減少軍費，維持「和平憲法」的局面，但這種聲音很少發生作用。例如一九六七年十月，經濟企劃廳長宮澤有意減稅，大藏省也要限制軍費的高漲。但最後結果，都認爲「防衛經費應不受經濟變動影響，也與其他經費無關，應予以保障。」軍費成爲一塊「聖地」。

軍費爲何會「聖地化」？這其實是軍國主義的傳統，早在一九三七年日軍全面侵略中國時，當時就成立「臨時軍費特別審議機構」，從此軍費脫離財政機構（大藏省）的掌控，獨立成一塊不可侵犯的「聖地」。

二戰後不久，軍費很快恢復傳統的「聖地化」，等於是軍國主義「復活」了，這是極少人能看得出來的，世人多麼容易被騙，以爲白紙黑字寫「和平」，就真和平了！

七、軍費增加率世界第一

一個宣稱「沒有軍隊、沒有軍事武力」的國家，爲什麼軍費增加率是世界第一，超過同時期的世界最大軍事強國美國。顯然這個世界，一切的表面是「不能看、不能信」的。

日本軍費的比率佔國民生產毛額的百分之〇・九，在大國與中等國家中可說是最低的比率。但不明究理的人，會以爲軍費佔國民生產毛額低，軍力就低。以一九六〇年代爲準，日本的國家整體力量排名全球第八，僅次於美、蘇、中國、英、法、西德和加拿大；而同時代的台灣有五十萬大軍，排全球第二十七名。（見參考書目，鈕先鍾，《世界各國國力評詁》一書）。

然而，國民生產毛額佔世界第二位的百分之〇・九的軍費，與國民生產毛額佔世界第十位的百分之二的軍費，究竟那一邊大，不言可喻。而且日本軍費的增加率爲世界第一位，以一九六三至六八年爲例，其增加率高達百分之十一・三，超過世界最大軍事強國美國的百分之八・七。

目前，投資在防衛生產的國家資金十分龐大。就以一九七一年度十大廠家的承造情形，也可瞭解其大要。

①三菱重工業：八百零九億一千二百萬日元。
②石川島播磨：二百九十一億六千六百萬日元。
③川崎重工：二百七十九億八千萬日元。
④三菱電機：二百二十三億五千四百萬日元。
⑤東芝電機：九十八億六千七百萬日元。
⑥新明和工業：七十九億零六百萬日元。
⑦日立製造所：四十八億六千八百萬日元。
⑧日本電器：四十六億四千八百萬日元。
⑨小松製造所：四十二億零三百萬日元。
⑩島津製造所：卅八億七千五百萬日元。

以上十家廠商，三菱佔兩家。但行家會注意另一個「門道」，這些敵商不僅製造民間一般家電，也同時製造軍事武器裝備，前文提到家電零件可和戰機共用，這是可怕的

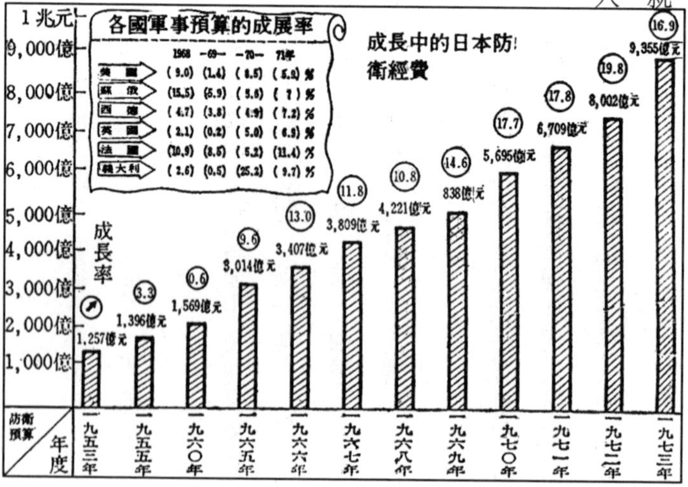

地方。

軍事預算能大大提高，背後當然要國家經濟力的支持。此時的日本已是世界第三大經濟強權，以一九六九年東亞爲例比較便知驚人，國民生產毛額，日本一六七・四（單位：十億美金，下同）、中國大陸五六・二、台灣地區四・八、越南三・〇、新加坡一・〇，此時日本經濟已是震驚全球。

八、「三菱」就是「三軍」

三菱重工業公司爲中心的所謂「三菱兵工廠」體系的壟斷現況，與日本軍事力量相益得彰的情形，也不能不予密切注意。

在一九七〇年八月十九日出刊的「經濟學人」雜誌中，以「與某人談話一小時」爲

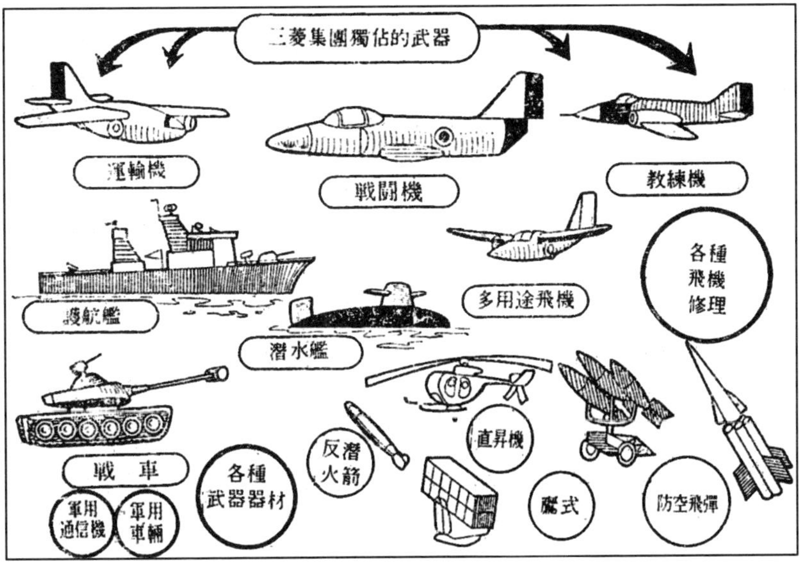

三菱的武器獨佔

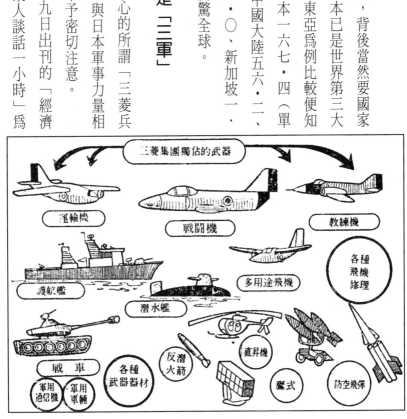

題的文章中報導：

關於武器武產工作，我們不能一味的只考慮利潤問題，最重要的，仍在於如何認真創造優良的品質。如果不能製造優良產品，那是一項罪惡。對於從事拼命工作的人，我們不能不給與最佳武器。

三菱集團事實上已壟斷日本三軍的武器裝備（如圖），戰車、魚雷、轟炸機更是百分百佔有，潛艦則三菱與川崎重工瓜分，勝利女神和鷹式飛彈三菱是主角，東芝電機只是配角。

這種情形當然是政府和防衛廳有意扶持，在「產軍一體」政策下，三菱的「三」，也象徵着陸海空的「三」軍。

九、日本再武裝：全靠三菱

日本把國防軍備的國產化集中在三菱，而三菱的「直系」公司至少五十家，再加上衛星極爲可觀，形成「金字塔型的三菱軍備體系」。其衛星公司偏重武器生產，以投機企業利潤提供三菱總公司，這些轉包的公司，促使日本產業結構走向軍事化，全世界只有日本能做到。朝日新聞出版的「日本的剋星」一書這麼說：

三菱對國家再武裝工作提供了很大貢獻。三菱重工業公司——有時被稱為「東洋的克魯普」，於一九六五年至七〇年之間獲得百分之四十六的防衛生產契約。由四十家以上企業組成的三菱集團，支配著日本防衛產業的三分之一（一九七一年四月廿九日每日新聞報導）。這無疑是世界最高紀錄。由一個企業團體支配全國的重要國防工業，不但製造艦艇，戰車及飛彈，也生產軍用噴射機的機體與引擎，這種現象可說自由世界國家中僅日本一個國家是如此。

如美國記者雅克塞班克所指出的，三菱集團所建立的軍品生產霸權，實使外國人感到驚奇。

日本再武裝之成功與快速，雖說靠三菱，這當然是很抬舉三菱，也不無道理。回顧三菱的歷史，甲午戰爭和日俄戰爭中三菱就積極造艦，打敗了中國和俄國；一次大戰時亦配合武器生產，而太平洋戰爭更負責生產了一萬七千架零式戰機，巨型戰艦「武藏號」等十四艘軍艦，都是三菱的產品。

客觀環境（日本軍事體制）也是重要原因，十九世紀末進行軍事體制改革，採「德國式」軍事思想，盡得毛奇思想之精華，殲滅戰、精兵主義，是日軍重要傳統，戰敗只是一時挫折，很快又站起來。是故，在《麥克爾與日本》一書說，德日兩國在國情民情上略同，但普魯士民族有反省之心，倭國民族則無。

十、三菱建立鈾元素提煉廠、原子動力潛艦

鈾元素拿來做什麼用？四十年前恐無幾人知道。任意問個人，他還以為期貨熱門的商品，或比銅線更貴的金屬，可以偷來賣給收破爛的！

但現在任意問一個國中生，都知道那是用來造原子彈的。一九七一年，三菱重工業公司和三菱金屬公司與美國西屋公司簽約，設立核子燃料公司，三菱乃重新調整內部有關核子研究發展之組織，另成立三菱原子動力工業公司，並由三菱金屬公司成立鈾元素提煉廠，完成核子生產的一貫體系，製造核武算是完成「準備工作」，隨時可以製造。

以三菱只是「民間公司」，有可能「私自」提煉鈾元素嗎？顯然得到國家的支持，數十年了，鈾元素存量必然可觀（結論詳述）。

當一九七一年三菱設立鈾元素提煉廠時，很諷刺的，前一年（一九七〇年二月三日），日本政府也簽署「禁止核子擴散條約」，發表聲明不發展核武。

在第四次防衛計劃中，三菱建造的「淚滴型」潛艦，已是世界一流的原子動力潛艦，只差沒有把原子爐裝到艦上。

當二〇一一年三月的大浩劫，震出日本製造核武的一些問題，世人疑惑，其實四十年前就開始了。

十一、推翻憲法、重返軍國之路

二戰後不久，工商界就提出「軍備擴充計劃」，按此計劃日本要建立五十萬大軍，其詳如次：

一九五三至五八年間，陸上兵力應提高爲十五個師，三十萬人（裝備以三十個師爲目標）；海上兵力應提高爲艦艇二十九萬噸，七萬人；航空兵力應提高爲飛機三千七百五十架，十三萬人。六年所需經費二兆九千億日元（每年平均四千八百億日元）。

一九五四年八月，日本全國經濟協會創立「防衛生產委員會」，翌年，發表「防衛力量重整方案」。常識都知道，在世界各國這是國防單位的工作，民間任何組織那有資格，也沒有能力去做這種方案。顯然是政府不方便做，「策動」或默許（暗中支援）民間去執行，可謂朝野以瞞天過海之計，推翻了「和平憲法」。

表面上看，這也可說是工商界欲假借國防之名，建立軍需經濟目標所要的花招。工商界一再對政府施加壓力，以期在增強防衛力量的要求下推展防衛產業。

在此情形下，工商界給日本的防衛計劃帶來莫大的影響力，成爲一種巨大的推動力量。一九七〇年，三井物產公司董事長水上達三說：「今後，海洋開發，住宅建設及防衛產業等，將成爲日本的三大產業」；此一工作方針，也在全國經濟協會的防衛生產委員會中被訂爲七〇至八〇年代的工商業目標。當時的防衛廳長官中曾根，被邀列席此一委員會時說：「贊成工商界的看法，並將提供必要的協助」。因此，當牧田與一郎於一九六九年四月出任三菱重工業公司董事長時，也強調：「將進一步加強防衛產業工作」。

十二、新世紀日本的軍備與「終極兵器」

二戰後，表面上日本依賴美國的「美日安保條約」維持國家安全。實際上他們有自己想要的，他們也在利用美國制衡中國的崛起，那是別話了。

一九九五年檢討第五期（一九九六到二〇〇〇年）五年防衛計劃，將原「北方防衛政策」修正爲「全方位防衛政策，其自衛隊按「日本防衛大綱」（一九九五年），仍保有近二十四萬人。有先進的武器裝備，也有成熟的核武技術（此在二十世紀末已非高深之科學技術）。

二〇〇六年十一月三十日，日本把建軍整備再向前邁進一步，防衛廳升格爲防衛省（Ministry of Defense），經國會支持同意，二〇〇七年元月九日正式正格

由於日本國力的增強，又開始覬覦其週邊地區的別國領土，如俄羅斯的北方四島、韓國之獨島、中國之釣魚台列嶼等，這個「菊花之民族」強大了，便會侵略別國。但像北方四島、獨島、釣魚台這種「碎屑」，他們「吃」的沒有「飽足感」，他們最在乎的，生生世世，每一代「漢倭奴王國」的子民，還是他們的「天命」何時完成？何時能完全佔領中國、朝鮮，台灣當然跑不掉！把他們統一起來，成爲一個偉大的「大日本國」。

要完成這種天命？怎能沒有「絕世兵器」——核武。

小結

本節重點在揭發日本二戰後戰爭準備的真相，所謂「不建立正式軍隊、無軍事武力」，所謂「和平憲法」，都是政府對外公開的「政治語言」，實際上早已是軍事強國。政府也向國際宣誓，不建造攻擊性武器。而實際上，在第四次防衛計劃（一九七二

年），由三菱生產一二六架 FST-2，正是攻擊性能很強的機種。

日本的戰爭準備（國防民生合一）也是全世界一流的，前面提到許多家電零件同時可用在軍事上的武器武備，另一個也是不為外界所知的厲害，防衛廳幹部可以和產業界對調，乃至輪調，使「產軍一家」。

日本政府也宣稱不製造核武，但一九七一年三菱公司成立鈾元素提煉廠。「鈾」是什麼？拿來幹啥？廿一世紀的現在，應是個基本常識吧！

從一九七一年到現在已經努力了四十年，核武所要的各種原料、零件、技術、配備應早已具備！

只要時機成熟，第四次「天命之戰」啓動，要取中國，必先拿下朝鮮和台灣。到時，他們製造一顆「核彈」所要時間，會比滷一鍋「滷蛋」多多少？

大前研一在「低 IQ 時代」一書，把自己國家說成「低 IQ、智慧衰退」的「笨蛋社會」。我以為，大前研一若非「當局者迷」，便是「扮豬吃老虎」，想要談導外界！

這是一個極「深沈」的民族，外界看到他們有禮、有序、清潔，都只是表相；心中想的，都是如何布局「天命」、完成天命！這會是低 IQ 社會嗎？

除了一些搞不清狀況的哈日族，及「忘了我是誰」的一些漢奸本性（如金美齡、李登輝、自由時報群、台灣教授協會、長老會等獨派人物），這世上沒幾人喜歡日本人。

李敖說：「我恨日本人，但日本A片拍的真好。」（中國時報民 100 年 4 月 26 日 D5 版）。我也討厭小日本鬼子，那些親日派拿熱臉去貼人家冷屁股，人家回頭還冷笑著：「這些大日本國的皇奴……」。

肆、天揭開了真相・以中國天命制倭國魔道

「天譴」，天揭開了真相。

是誰的天命！是不是天命？

我的天命是

宣揚以中國春秋大義之天命，解決倭國之魔道，收服倭國為中國之一省，完成中國在元朝就必須完成的天命。

一、「天譴」：天揭開了真相

日本於二戰後，以一部「和平憲法」宣示天下，聲稱今後日本不建立「正規軍隊」，不發展「攻擊性武器」，只建立必要的自衛性戰力，當然就不會再去攻擊任何一個國家。

但二戰後不久，這部「和平憲法」很快被「典藏」於高閣之書櫃中，以「瞞天過海」計，重建軍事武力，也很快成爲全球一流的軍事戰力。

所謂「日本有沒有核武？」存在，事實上是日本朝野有共識的在玩弄世人的眼睛和腦袋，他們四十年前就開始建立鈾元素提煉廠，要幹啥？難不成用鈾元素製造兒童玩具嗎？但若問我「日本有沒有核武？」

我只能回答：「現在」沒有！難道我也是倭國的同路人？或一心想當皇奴，學李登輝、金美齡、自由時報群、台教會、長老會等漢奸本性，向日本效忠乎？

非也！我舉一例子，有一老不死的叫李登輝，一心想稱霸武林，必需擁有一把「絕世兵器」。他對別人說只是一個老鐵匠，只會打造種田用的器具，其他啥也不會！

他在秘密中進行著，有時公開給大家看，物件A、物件B、C、D、E……都有了，沒有一樣看起來像兵器。所以，李老先生「現在」連兵器都沒有，何來「絕世兵器」？

只要時機成熟，李老頭可以在極短時間內，少許加工組合，就能擁有一把可怕的利刃，他想要的「絕世兵器」。

同理，很多人問我「日本現在有沒有核武？」

我答：「現在」沒有。

所謂「瞞天過海」，就是「天」的眼睛被矇住了，世間的魔道邪惡勢力乃能公然行之。（如二〇〇四年台灣的「三一九」槍擊弊案，獨派竊取國柄，用的即是三十六計之首計「瞞天過海」。）

但「天」的眼睛會不會永遠被矇住？當然絕不會，否則何來「天譴說」？所以像「三一九」這類邪惡之行，遲早都要受到報應，這是因果律，當事人陳水扁已在天牢，這還不夠，更多製造族群分裂的人尚未受到報應，天譴未到！

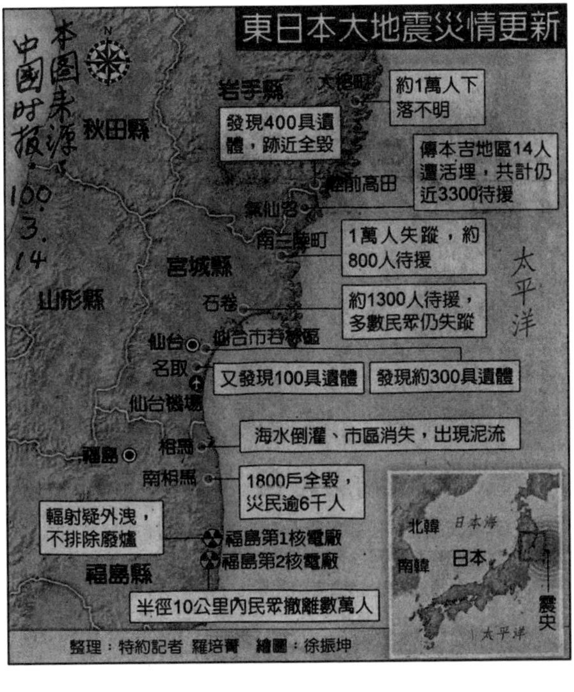

日本這次天譴，真是老天有眼，雖傷亡兩萬多人，但救了無數日本人和週邊地區各國人民。試想，若有一天倭國子民又神經要完成「天命」，「亮」出了「絕世兵器」，這世界要多死幾萬萬萬……萬萬人？

到底「天眼」爲世人揭開了什麼？以下是浩劫後網路、媒體流傳的資料，我略加整

理。

日本人對於核電廠的消息並不透明，大浩劫一開始美國主動說要給冷卻劑，日本卻拒絕了……這麼嚴重的事情，爲什麼爭分奪秒，不派大量人力去救核電廠，只有幾十個工作人員及其他自衛隊，爲什麼不一開始用硼酸，要用海水……許多人都猜核電廠有不想別人知道的秘密……

爲什麼美國的航母要調頭？他們的直升機在約一百公里外接觸到的放射物包含了什麼？如電影般的情節，背後隱藏了……

最要命的是，日本人採取的燃料，不是大家通用的鈾，而是鈾和氧混合體。這樣做，經濟上非常不划算，安全上也不好。唯一的用處，就是燃燒過後的廢料，就是提純的鈾，可以用來製造原子彈。

其實這也是日本一直秘而不宣的「和平核能」政策，就是通過所謂和平的利用核能，日本名正言順地生產和儲存了原料，可以製造幾千顆原子彈，再加上日本的技術，可以快速地安裝原子彈，用來制衡它認爲有威脅的國家。

日本 37 萬平方公里，卻變態地修建了 57 個核電站，發出的電不到全國需求的 30%，一個核電站有 4-6 個反應爐，即全國有三百多個反應爐。37 萬*30%=11 萬平方公里，即

三百多個反應爐爲 11 萬平方公里供電

110000/300=367 平方公里

也就是說，日本的一個核反應爐只爲 367 平方公里提供電力。相當於每個縣級城市就要配一個核反應爐。這正常嗎？（以此比例換算成的台灣，約要 10 多個核電廠）

事實上，作爲一個島國，日本有著豐富的潮汐和風力發電資源，同時太陽能也非常先進，但該國對這些視若無物，多年來，全力發展核電。

如果這僅僅是電力需要也就罷了，但是，有多少人知道？在核電技術已經突飛猛進的今天，日本的核電設施卻一律死抱著第一二代技術不放。

福島核電站採用的是鈾混合氧化物這種比鈾氧原料貴 2-3 倍，而且危險性高的原料，反應堆用的也是安全性差的快增殖反應堆，而且沸水堆只有一回路，直通渦輪。日本人玩這種手段只要有點腦子的都看得出來他們想要幹什麼：不就是爲了儲備製造核彈的那點鈾嘛。

現在據報導爆掉的一號堆已經在用硼酸了。一開始不肯用是因爲一旦用了硼酸，裏面的核燃料就全部報廢了。福島電站用的可是 MOX 燃料（MOX 燃料是混合燃料的簡寫，目前用得最多的是 UO2 和 PUO2 構成的氧化鈾鈈燃料），那可是極重要的戰略資源。

現在國際上最新一代的核反應爐是號稱出事故，緊急停爐後36小時無人看護照樣安全的。但日本人就是不用。簡單地講，它們只造最原始最落後的核電站，絕不採用新技術，哪怕是新技術再成熟，再免費。

因爲原始的一二代技術最有利於大量提煉核原料。最浪費，最低能，最高消耗，最大成本，最不安全，只爲換得核原料。

這場核災難到底會發展到多大，至少還有三個問題沒公開，離了這三個問題，誰也無法預測，只有小鬼子心裏清楚。

第一個問題：它們造出來的四千枚核彈的原料存放在哪裡？是否安全？！

第二個問題：在這些核電站裏，到底還有什麼秘密，這些以製造核彈原料爲目的的核電站裏，都有哪些高危和不可告人的東西？！

第三個問題：日本這些年積攢的核廢料都放在哪裡？在陸地上？還是在海裏？還是偷運到哪裡去了？會不會產生危害？

一切似乎冥冥中注定著，如果日本繼續製造核武器，他們將會用這些武器做些什麼呢？沒有一個島國如日本般，不主力發展潮汐與太陽能，卻不斷地發展核電，用那些核廢料生產出能夠製造出原子彈的鈾。

一場海嘯，猶如潘朵拉的盒子，將日本的核武器計劃掀了開來，某方面也算救了日本人，還有更多的眾生。大部分日本人仍是善良的，他們也是無辜及不知情的，問題在於政治被日本右翼所掌控。將靈魂賣給了魔鬼，卻被那隻魔鬼反噬。

二、以中國之天命，解決倭國之魔道

世間很多事情看似無解，例如有沒有神？有沒有鬼？有沒有來生？有沒有因果報應？……若從很低的層次看，都是無解……人生到處是無解的習題……統獨也無解。但若層次慢慢拉高，都有清楚的概念，明確的答案。

二〇一〇年八月，我參加佛光山「全國教師佛學夏令營」，第五天八月二十日是慧開法師（南華大學副校長、生死學系教授）上課，主題是「生死之奧秘：業與輪迴」，他是數學系畢業的，他就用數學、物理概念的啓示，爲學者詮釋這類看似無解的問題。（如次）

- 在自然數系中：$2-1=1$，而$1-2=$ 無解
- 在整數系中：
  $1-2=-1$，$4/2=2$，而 $4/3=$ 無解
- 在有理數系中：
  $4/3=1\frac{1}{3}$，$\sqrt{4}=2$，而$\sqrt{8}=$ 無解
- 在實數系中：
  $\sqrt{8}=2\sqrt{2}$，而$\sqrt{-4}=$ 無解
- 在複數系中：
  $\sqrt{-4}=2i$，$\sqrt{-8}=2\sqrt{2}i$

世間一切問題，都可以從不同層次找到解答。一度空間無解的，二度空間有解；二度空間無解的，三度空間有解……人生視野的高度決定廣度，即王之渙的詩句，「欲窮千里目，更上一層樓」。

佛教中的「業」、「輪迴」，及至佛、菩薩等之如何、爲何、何在？拉高到某一層次，都清清楚楚，沒有問題。慧開法師的講法，讓很多人頓悟。

數百年來，對於倭國民族爲中國、鄰國及全世界帶來多少苦難！至今不賠償、不道歉、不負責，又偷偷摸摸的，暗中進行著戰爭準備，要完成他們的天命。對於這樣的大問題，我苦思數十年不得其解，晚近以來聞大師開示，慢慢悟出解決辦法，就是「以中國天命解決倭國天命」，進而把倭國各島（不含北方四島，該四島乃俄國領土），收爲中國之一省份（或特別區均可）。

事實上，這不過是完成了中國在元朝的天命。中國人本有這樣的天命，可惜後來忘了。我現在再喚醒這天命，也可以說「喚醒中國之天命，是我個人今生之天命」！

而且我認爲，中國人要完成這個天命（收日本爲中國領土），並不難，只要中國人醒了，數十年乃至百年之內，頂多一百五十年，必定完成。這是要從國家的總人口、領土、資源、文化包容力及發展程度來看的。

反之，小日本鬼子要完成天命，真是寡婦死了兒子——沒希望。因爲大小就是一隻貓——頂多是一隻很兇的貓，絕不可能成獅、成虎——成森林之王！

換言之，日本鬼子絕不放手，中日難免爆發第四次大決戰——中日最終之戰，且就在本世紀中葉之前。這樣的「預言」（我是「預測」），其實在我小時候，乃至學生時代，就已經流傳著。

最近我看到網路上有「引起中國人震驚的一篇演講」，我好奇打開看，正是幾十年來我思考的問題，內容也流傳很久了。但內容很有價值，深值海內外所有中國人、華人警惕，提高警覺，好好準備完成炎黃子孫之「天命」。

按「引起中國人震驚的一篇演講」（簡稱「驚文」），講者是余世維（現任上海慧泉企業管理諮詢有限公司董事總經理、美國富頓集團中國總經理）。他曾服務的客戶有：日本航空、飛利浦、柯達、聯合利華、**ABB**、三得利、**3M**、西門子、摩托羅拉、中國電信等國內外著名企業，他又是美國哈佛大學企管博士後、英國牛津大學國際經濟博士後。

這是余世維的學經歷和背景，他的洞澈之言甚具智慧，也真是一位我心目中的先知先覺者，在這個問題上我從未碰到一位和我一樣「清楚明白」者，我當他是一位「陌生的知音」。

余世維在「驚文」推測，中日這場戰爭可能暴發的時間是二〇一五到二〇二〇年間。日本自始至終都在準備這場戰爭，一切事情都從長計議的進入長期準備狀摯。余先生深入解析，發現日本已是「全國皆兵、全民皆兵」（表面看不出）。「驚文」舉四個例子：

第一個例子，中國大陸一個河北的石家莊，一個山西的太原和大同是產煤的地方，你認爲最大的買主是誰？是日本！其實日本這個國家是不燒煤的，你有沒有注意到，爲什麼日本大量的向中國採購煤炭呢？其實二、三十年來日本大量不斷地向中國採購煤炭，回去以後在日本的下關下船，然後統統用水泥把他封起來，封成一個個石方，然後沉在日本內部的內海的海底。聽說現在已經沉下去半個太原，這些煤炭是準備將來跟中國打仗的時候要用的。西元二〇一五年至二〇二〇年，中國跟日本可能開戰。這時候中國的核潛艇可能封鎖他的太平洋，中國如果那時有航空母艦，可能出動在日本海，日本主力艦如果跟中國戰艦作戰，就把這個煤炭挖起來燒。所以，現在就開始在採購了。所以，中國一船一船的煤運向日本去，統統沉在他的海底，我們卻不知道他心中有什麼想法？

第二件事情，從人造衛星看下去，整個日本是條綠色的，你知道爲什麼嗎？因爲他們的樹一棵都不砍。在日本砍任何一棵樹，都要經過日本政府的許可，因爲他們把森林看成重要的資源。可是全日本都用筷子，那怎麼辦？就將中國東北、黑龍江、大興安嶺的木材統統向日本出口，從烏蘇里江送下去，在符拉迪沃斯接克裝船了以後，向日本外銷。所以日本人買的全部是我們東北的木頭，買回去以後全部削成筷子，給一億一千萬人口使用。當他們吃完以後，沒有一根筷子是丟掉的，全部收起來，再給他磨成紙漿，賣給中國的《人民日報》印報紙。所以《人民日報》印報紙的紙漿全部是自己的木頭，不過是在日本人的嘴巴上面轉了一圈。

第三個中國的稀土金屬，出口最大的是日本，中國稀土金屬企業的老總沾沾自喜于「廉價國家資源出口創匯多少？」，卻不知道日本人將這些稀土原料加工成一種粉末，塗在「點離子彩電」螢幕上，以昂貴的高價格賣給中國人，中國人的家庭買了還向鄰居客人炫耀！日本要壓制中國稀土企業降低價格，不降就停止進口，中國企業就要破產倒閉發不出工資，於是爭相降價，相互殺價只爲了討好日本，而中國國務院稀土辦公室昏聵的沒有任何應對的商業戰略。前段施加日本壟斷提高鐵礦石價格壓制中國鋼鐵企業也是這樣的戰略，中國沒辦法！（這是余世維的看法，我樂觀些。）

第四件事情是中國的雲南山區一所破爛小學的課桌卻寫著「日本政府捐贈」的字樣，我不禁認爲，「日本鬼子從中國孩子幼小心靈開始公關腐蝕，而我們的卻貪污腐敗不願意投資教育」而感到悲哀！

這四個故事，給你一個什麼啓示？一個國家要有危機感，就要像這樣子，全日本都有這種危機感。每一根筷子都不丟，知道那個是紙漿的原料，每根筷子來自中國的木頭，知道自己的樹是不能砍的。所以這個道理在他們那裡講是一個國民意識，就是全民動員積極備戰！日本的海軍一直在刺探中國？然而我們很少有人知道日本海軍的總人數，已經是世界排名第二位，已經超過了俄羅斯了，僅次於美國，他還叫做海上自衛隊。只差航空母艦和主力艦沒有做，其實是個標準的海軍，他卻只是稱他爲自衛隊；但是做軍人總要有磨練的機會吧？有機會總要打打仗吧！所以他一找到機會，就總是要操兵一下，練一下。

余的四點看法我略都贊同，他對美國和日本這兩個民族也有不同看法，一樂觀一悲觀。他覺得美國其實不是中國的心腹大患，美國那些傢伙，喜歡當老大，沒有事就過來問：「你看誰是大哥？」「那當然是你了，老大。」他就說：「說的也是！走了」他就走了，你就不要管他了。他對中國沒有領土野心。倒是那個小日本就不同了，一碰到的時候就說：「日中友好」一邊握手，一邊在那裡磨刀，沒有事就惦搞你一下。所以我想到躺在旁邊那個日本，我晚上都睡不著覺；而那個美國，坦白講，我真的無所謂。

以他對這兩個民族的瞭解，因爲與這兩個民族交往了二十幾年，不是讀書就是就業，不是出差就是在那開會，所以，他到現在還有一大堆的美國和日本朋友，他對這兩個民族的看法始終是耿耿於懷。所以，他始終認爲日本這個國家，遲早要跟中國再幹一仗的，因爲他們天生下來就是缺少資源。爲了活下去非打不可，你認爲怎麼辦呢？雖然這個問題是個國家問題，那麼跟企業和個人不是完全一樣嗎？難道中國企業不能想像，我是一個缺少市場和資源的企業嗎？我也要在人家的腰上咬一口啊！不是一樣的道理嗎？那人家也是這樣想你們的，也是在你的腿上開飯吃一口肉，也是一樣的嘛？所以每個企業都要有短中長期計畫。你們的計畫！是什麼？我們不用討論，那時有沒有，你自己在心裡想想看。

我對「驚文」唯一的評論，是余對大戰略、大國競爭及美國這位「隱形帝國主義者」不夠了解。余先生認爲「美國對中國沒有領土野心」，這是事實。但他不知道二戰後的美帝「新帝國主義者」，企圖心不在領土的佔領，而在掌控該國（或地區）之「政軍經心」。這種「掌控」，普通人連自覺都沒有，更無警覺，故稱「隱形帝國主義」。

第一實例，二戰後，雖已歷經冷戰、後冷戰、新冷戰至今廿一世的幾個時代。但西太平洋北起南韓→日本→台灣→菲律賓之戰略線，始終在美國掌控之下，爲美國之「國防戰略前線」（即很多人習稱之「看門狗」）。美國不必費心來佔領這些國家（地區），惟無不歸其所用。本此而論，日本也同樣是美國的看門狗，只是他們利用此一契機壯大自己，在尚未強到可以打敗中國之前，美國人對日本人還有利用價值，他們會盡量利用（如牽制中國）。

所以，余世維說「美國對中國沒有領土野心」「別管他」「無所謂」。因爲美國仍有可能成爲中國的潛在敵人，目前尚稱「戰略夥伴關係」，不能無所謂，現在中國的全球唯一最大的競爭者就是美國。

假如有一天中國總體國力真的超越了美國，還怕日本嗎？一切按正常發展，沒有意外，這一天大約是二〇五〇年。距現在還有四十年，我沒什麼機會看到，除非天命——天要給我命。

最近在日本社會也秘密流傳著「二〇一五年滅亡中國戰略計畫」，企圖先把中國分裂成七塊，再一塊一塊吃掉，重提了「滅亡中國、征服亞洲」的神話故事，這只能當笑話看！一個得了「民族精神病」的幻想！

但只怕這一天未到，小日本鬼子等不急了，就急著要發動第四次「天命之戰」，若然，是中國天命完成的時機。若余世維的判斷正確，我有生之年必可看到中國天命完成，收日本爲中國之一省，不亦快哉！

五、結　論

倭國自他們的先祖，織田信長和豐臣秀吉異想天開，創造出所謂「天命」，那真是天命嗎？若然，是天意也，必有益世道人心，有益世局和平。

然而，不是，那是「假傳天命」，爲其本國子民和鄰邦國民，帶來無窮災難。那是狼子野心竄起的「魔道」，兩顆原子彈只能消滅魔道的「有形戰力」，卻不能盡除其「無形戰力」。

中國之天命是謂真實不虛之天命，完成後便是永久解決「日本問題」，朝鮮、台灣、中南半島、南洋……不用擔心「鬼子來了！」

馬丁・賈克在《當中國統治世界》一書結論說，「假設中國持續快速成長，日本最終將被迫接受中國在東亞的領導權」，語意何在？費正清（John King Fairbank）亦認爲中國的「天朝世界觀」已然形成，日本對中國只能成爲屬國，定時向中「朝貢」；不然，就成爲中國的一個省級單位，至少也是一級的。

是故，總結一言，廿一世紀中國人必須準備這最後一戰的「最後一次的決戰」，這確實是中國人的「最後之戰」，爲何？

環視目前對中國還有「領土野心」，且有各種徵候的表態者，只有小日本鬼子，真是吃了熊心豹子膽、吃了秤鉈鐵了心、「給鬼牽去」，世世代代把侵略中國、侵略鄰邦，姦殺鄰邦女人當成「大和民族的天命」！中國人能不備戰乎？

再看中國其他鄰國。兩個大國印度和俄羅斯，他們對中國沒有領土野心，且目前和中國關係都好。另外，越南、寮國、緬甸、尼泊爾、巴基斯坦等，自古以來和中國關係一向很好，更不可能有想要「侵略」中國的想法。

啊！中國，廿一世紀的炎黃子民，好好準備這最後一戰，永久性的解決「日本問題」，收服日本成爲我國之一省（或特區亦可），從此亞洲無戰爭！世界大同、和平有望！這是中國崛起後，領導世界，對這個世界的責任和「天命」。

如何才是廿一世紀中國人的最後一戰？

我的辦法是在「最適當的時機」，目前（二〇一二年九月間倭人欲將釣魚台國有化之際），時機尚未成熟，至少我這半調子「戰略家」看法未成熟。使情勢再外高，再接近「戰爭點」，以迅雷不及掩耳之勢，在某個午夜十二時，以五顆核武同時發出……約可消滅倭國三分之二人口……零晨三點宣佈戰爭結束，收服倭國改中國的「扶桑者」，永久解決大禍害，亞洲才有和平之日。

國際會大跳腳，讓他們跳，數月後無有過問者。若以傳統戰法，永無寧日，到廿二、廿三……世紀，還有「日本問題」，倭人強大必然要侵略中國人，不如中國人先下手。

啊！廿一世紀的中國人，下定決心，團結起來打最後一戰吧！

日艦夾擊 ▼香港保釣船「啓豐二號」（中）在釣魚台海域遭日本海上保安廳艦艇夾擊。（摘自讀賣新聞網站）

保釣達陣 ▲保釣人士登島後，其中5人隨即遭日本警方逮捕。圖為保釣人士在「啓豐二號」船上的情形。（摘自鳳凰網）

中國时报 2012.8.16.

踏上釣島 ◀香港保釣船「啓豐二號」搭載的7名保釣人士，攜帶中華民國國旗及五星旗，於昨天下午4時30分左右登上釣魚島。（摘自讀賣新聞網站）

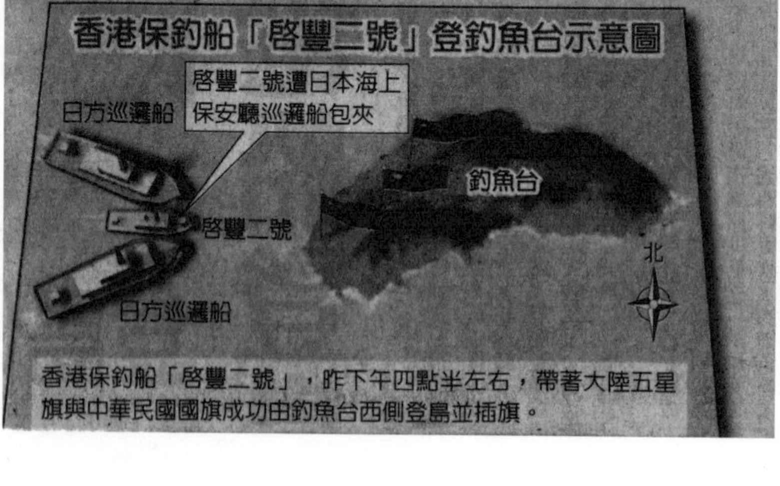

香港保釣船「啓豐二號」，昨下午四點半左右，帶著大陸五星旗與中華民國國旗成功由釣魚台西側登島並插旗。

中國時報
2012.8.16
自創世紀開始
中國人不能再丟掉
半寸土地！

參考書目

陳福成，《中國歷代戰爭新詮》，二〇〇六年，台北，時英出版社。

陳福成，《找尋理想國：中國式民主政治研究要綱》，二〇一一年，台北，文史哲出版社。

韓立基、潘富德譯，《一九九〇年代日本之安全保障》，民七十四年，（原著，佐伯喜一等），台北，國防部史政編譯局。

陳瑞亭譯，《日本侵台祕史》，民六十六年，（原著，松本正純，《台灣征討史》，一八九六年，台灣懇話會出版），台北，國防部史政編譯局。

鈕先鍾譯，《世界各國國力評估》，民七十一年，（原著，Ray S. Cline），台北，黎明文化出版。

慧開法師，〈生死之奧祕：業與輪迴〉，二〇一〇年。

張純如（Iris chang），《被遺忘的大屠殺——一九三七南京浩劫》，二〇〇一年，（原書英文名：The Rape of Nanking-The Forgotten Holocaust of World War II），蕭富元譯，台北，天下遠見出版公司。
尙・克利斯朵夫・維克多（Jean-Chrislophe Victor）、薇珍妮・黑頌（Viginie Raisson）、法蘭克・提塔特（Frank Te'tart），《世界，未來會是什麼樣子？》，二〇一〇年，劉宗德、周幸譯，台北，大是文化有限公司。
陳福成，《山西芮城劉焦智「鳳梅人」報研究》，二〇一〇年，台北，文史哲出版社。
李隆生、張逸安譯，《當中國統治世界》，二〇一〇年，（原著：Martin Jacgues, When China Rules the World: The Rise of the Middle Kingdom and the End of the Western Warld），台北，聯經出版公司。
大前研一，《低IQ時代》，二〇〇九年，劉錦秀譯，台北，商周出版。
李長浩編譯，《日本與東亞》，民六十四年，（原著：Donald C. Hellmann, Japan and East Asia，一九七二年，Praeger 出版），台北，國防部史政編譯局。
曾清貴譯，《日本自衛隊的真相》，民六十四年，（原著：小山內宏，こふが自衛隊だ，一九七四年，ダィャソド社），台北，國防部史政編譯局。
國防部作戰參謀次長室，《麥克爾與日本》，民五十九年。

本書作者著編譯作品目錄

	（性質）	（定價）
幼獅文化出版公司		
1.國家安全與情治機關的弔詭		200 元
大人物出版公司		
2.決戰閏八月：中共武力犯台研究		250 元
3.防衛大台灣：台海安全與三軍戰略大佈局		350 元
4.非常傳銷學（合著）	直銷教材	250 元
黎明文化出版公司		
5.孫子實戰經驗研究	兵法研究	290 元
6.解開兩岸十大弔詭	兩岸解謎	280 元
7.大陸政策與兩岸關係	政治研究	280 元
慧明出版社		
8.從地獄歸來：愛倫坡（Edgar Allan Poe）小說選		200 元
9.尋找一座山：陳福成創作集	現代詩	260 元
全華出版社		
10.軍事研究概論（合著）		250 元
龍騰出版社		
11.—14.國防通識（著編）	高中職學生課本	部頒教科書
15.—18.國防通識（著編）	高中職教師用書	部頒教科書
時英出版社		
19.五十不惑：一個軍校生的半生塵影	回憶錄	300 元
20.國家安全與戰略關係	戰略・國安	300 元
中國學四部曲：		
21.首部曲：中國歷代戰爭新詮	戰爭研究	350 元
22.二部曲：中國政治思想新詮	思想研究	400 元
23.三部曲：中國四大兵法家新詮（孫子、吳起、孫臏、孔明）		350 元
24.四部曲：中國近代黨派發展研究新詮		350 元
25.春秋記實	現代詩	250 元
26.歷史上的三把利刃	歷史研究	250 元
27.國家安全論壇	學術研究	350 元
28.性情世界：陳福成詩選	現代詩	300 元
29.新領導與管理實務：新叢林時代領袖群倫的政治智慧		350 元
秀威出版社		
30.赤縣行腳・神州心旅	現代詩・傳統詩	260 元
31.八方風雨・性情世界	詩・文・評	300 元
32.男人和女人的情話真話	人生真言・小品	250 元
文史哲出版社		
33.一個軍校生的臺大閒情	詩・小品・啟蒙	280 元
34.春秋正義	春秋論述・學術	300 元
35.頓悟學習	人生・頓悟・小品	260 元
36.公主與王子的夢幻	人生・啟蒙・小品	300 元
37.幻夢花開一江山	傳統詩詞風格	200 元

38.奇謀迷情與輪迴（一）被詛咒的島嶼	小說	220 元
39.奇謀迷情與輪迴（二）進出三界大滅絕	小說	220 元
40.奇謀迷情與輪迴（三）我的中陰身經歷記	小說	300 元
41.春秋詩選	現代詩	380 元
42.愛倫坡（Edgar Allan Poe）經典小說新選		280 元
43.神劍或屠刀	思想研究	220 元
44.洄游的鮭魚	四川重慶成都之旅	300 元
45.山西芮城劉焦智「鳳梅人」報研究	春秋典型人物研究	340 元
46.古道・秋風・瘦筆	春秋批判・小品	280 元
47.三月詩會研究：春秋大業十八年	三月詩會研究	560 元
48.台灣邊陲之美	詩・散文	
49.奇謀・迷情・輪迴小說（合訂本）		760 元
50.在「鳳梅人」小橋上：山西芮城三人行	旅遊、考察、文學	480 元
51.中國神譜（著）	中國民間信仰研究	680 元
52.我所知道的孫大公：黃埔二十八期孫大公研究	春秋典型	320 元
53.找尋理想國 — 中國式民主政治研究要綱	政治思想	160 元
54.漸凍勇士陳宏傳 — 他和劉學慧的傳奇故事	勵志典型	260 元
55.大浩劫後 — 日本東京都知事石原慎太郎「天譴說」溯源探解		160 元
56.第四波戰爭開山鼻祖賓拉登 — 及戰爭之常變研究要綱		180 元
57.臺大逸仙學會 — 兼論統派經營中國統一事業大戰略要領芻議		280 元
58.金秋六人行：鄭州山西之旅		640 元

唐山出版社

59.公館臺大地區開發史	地方文史研究	200 元
60.從皈依到短期出家	不同人生體驗	240 元

購買方法：

方法 1.全國各書店　　方法 2.各出版社
方法 3.電腦鍵入關鍵字：博客來網路書店→時英出版社
方法 4.時英出版社　電話：（02）2363-7348、（02）2363-4803
地址：台北市新生南路 3 段 88 號 3 樓之 1
方法 5.秀威資訊科技公司　電話：（02）2796-3638
地址：台北市內湖區瑞光路 76 巷 65 號 1 樓
方法 6.唐山出版社：（02）8369-2342
地址：100 台北市羅斯福路 3 段 333 巷 9 號 B1
方法 7.文史哲出版社：（02）2351-1028　郵政劃撥：16180175
地址：100 台北市羅斯福路 1 段 72 巷 4 號

附記：以上各書凡有訂價者均已正式出版完畢，部頒教科書未訂價。另有未訂價者均在近期出版。